Hans Paarhammer/Gerhard Fahrnberger

Pfarrei und Pfarrer im neuen CIC

Hans Paarhammer/Gerhard Fahrnberger

Pfarrei und Pfarrer im neuen CIC

Rechtliche Ordnung der Seelsorge, der Verkündigung des Wortes Gottes und der Feier der Sakramente in der Christengemeinde

HEROLD WIEN · MÜNCHEN

CIP-Kurztitelaufnahme der Deutschen Bibliothek

Paarhammer, Hans:
Pfarrei und Pfarrer im neuen CIC : rechtl. Ordnung d. Seelsorge, d. Verkündigung d. Wortes Gottes u. d. Feier der Sakramente in d. Christengemeinde / Hans Paarhammer; Gerhard Fahrnberger. – Wien : München : Herold, 1983.
ISBN 3-7008-0243-9

NE: Fahrnberger, Gerhard:

Umschlagentwurf: Hans Schaumberger
Druck: Herold, Wien 8

ISBN 3-7008-0243-9

Inhalt

Abkürzungsverzeichnis

AAS	Acta Apostolicae Sedis, Romae 1909ff.
AfkKR	Archiv für katholisches Kirchenrecht, Innsbruck 1857ff. bzw. Mainz
Apost.Konst.	Apostolische Konstitution
Art	Artikel
c.	canon
cc.	canones
CD	Christus Dominus, Dekret des II. Vatikanischen Konzils über die Hirtenaufgabe der Bischöfe
CIC	Codex Iuris Canonici
Comm	Communicationes. Hrsg. Pontificia Commissio Codici Iuris Canonici Recognoscendo. Typ.PolVat. 1969 ss.
Decr.	Dekret
DirOec	Ökumenisches Direktorium
GSp	Gaudium et Spes, Pastoralkonstitution des II. Vatikanischen Konzils über die Kirche in der Welt von heute
LG	Lumen gentium, Dogmatische Konstitution über die Kirche (II. Vatikanisches Konzil)
*Mörsdorf Lb II	K. Mörsdorf, Lehrbuch des Kirchenrechts auf Grund des CIC, München – Paderborn – Wien, Bd. II, 11. Aufl. 1967
MP	Motu Proprio
MThSt	Münchener Theologische Studien
NKD	Nachkonziliare Dokumentationen, 58 Bände, Trier 1967–1977
OE	Orientalium Ecclesiarum, Ostkirchendekret des II. Vatikanischen Konzils
ÖBK	Österreichische Bischofskonferenz
PCI	Pontificia Commissio ad leges interpretandas (Kommission zur authentischen Interpretation des CIC/1917 und der Dokumente des II. Vatikanischen Konzils)
PO	Presbyterorum Ordinis, Dekret des II. Vatikanischen Konzils über Dienst und Leben der Priester
SC	Sacrosanctum Concilium, Konstitution des II. Vatikanischen Konzils über die heilige Liturgie
SC Cult	Sacra Congregatio pro Cultu Divino
SC Fid	Glaubenskongregation
SC Off	Sacrum Officium (jetzt Glaubenskongregation)
SC Rel	Religiosenkongregation
UR	Unitatis Redintegratio, Ökumenismusdekret des II. Vatikanischen Konzils

Vorwort

Das neue kirchliche Gesetzbuch liegt seit 25. Jänner 1983 vor; seit 27. November (1. Adventsonntag) ist es in Kraft. Damit ist eine lange Zeit der mangelnden Durchschaubarkeit der kirchlichen Rechtsordnung zu Ende gegangen, auch die lange Phase vieler Provisorien ist vorüber. Im Volke Gottes sichert das Recht die Ordnung Gottes und schafft Raum für die innere und äußere Entfaltung des geistlichen Lebens. Für die meisten Menschen wird die Kirche erfahrbar in der konkreten Christengemeinde, die als Glaubens-, Sakraments-, Liebes- und Missionsgemeinschaft die grundlegenden Lebensvollzüge des Volkes Gottes garantiert. In der Pfarrgemeinde, als der „Kirche am Ort“, werden die Grunddienste der Kirche, nämlich die Verkündigung des Wortes Gottes und die Feier der Sakramente sowie die karitative Diakonie aktualisiert.
Seitens der Österreichischen Bischofskonferenz wurde den Verfassern die Anregung gegeben, eine Handreichung für die Pfarrer zu erstellen, in welcher die wichtigsten Rechtsfragen des neuen kirchlichen Gesetzbuches im Hinblick auf die Pfarrei und den Pfarrer sowie auf die Seelsorgsaufgaben und Lebensvollzüge einer Christengemeinde in Wort und Sakrament dargestellt werden. Es geht daher im wesentlichen darum, die Bestimmungen des allgemeinen Rechtes der lateinischen Kirche, soweit sie für den Pfarrer relevant sind, in geraffter Form aufzuführen. Daneben bleibt unbedingt das Partikularrecht zu beachten, wie es entweder von der Bischofskonferenz oder vom einzelnen Diözesanbischof gestaltet wird, wobei selbstverständlich auch künftig dem bestehenden Gewohnheitsrecht, soweit es nicht ausdrücklich verworfen ist, große Bedeutung beigemessen bleibt.
Die vorliegende Schrift will daher allen in der Seelsorge Stehenden eine praxisbezogene Einführung geben und alle jene Normen dem Leser aufzeigen, die für die Gemeindeseelsorge von grundlegender rechtlicher Bedeutung sind.
„Salus animarum suprema semper lex esse debet!“

Salzburg/St. Pölten, im Advent 1983 — Hans Paarhammer
Gerhard Fahrnberger

Einleitung

Das neue Kirchenrecht auf der Grundlage des 2. Vatikanischen Konzils

Von Hans Paarhammer

Am 25. Jänner hat Papst Johannes Paul II. das neue kirchliche Gesetzbuch promulgiert. Mit dem Inkrafttreten dieses Codex Iuris Canonici am 27. November 1983 hat eine mehr als zwanzig Jahre dauernde Reformarbeit ihren vorläufigen Abschluß gefunden. In der Einleitung zum Promulgationsdokument „Sacrae disciplinae leges“ stellt der Papst fest: „Die katholische Kirche pflegte im Laufe der Zeit die Gesetze der kirchlichen Lebensordnung zu revidieren und zu erneuern, damit diese bei steter Wahrung der Treue gegenüber ihrem göttlichen Stifter in geeigneter Weise der ihr anvertrauten Heilssendung entsprechen“. Im folgenden sagte der Papst, daß er mit dieser apostolischen Konstitution die Erwartung der ganzen katholischen Welt erfüllen wolle und hiermit die Veröffentlichung des revidierten CIC verfüge.

Somit wurde in diesem Jahrhundert nunmehr der Codex Iuris Canonici also zweimal veröffentlicht: 1917 durch Papst Benedikt XV., 1983 durch Papst Johannes Paul II.

War für die Entstehung des bisherigen CIC/1917 der berühmte Kanonist und päpstliche Staatssekretär Kardinal Pietro Gasparri der leitende Kopf und Redakteur, so sorgte für den neuen CIC der gewesene Generalsekretär des Zweiten Vatikanischen Konzils und spätere Kardinal Pericle Felici, inzwischen verstorben, für den Fortgang der Reformarbeit. Beide Male ist die Redaktion des kirchlichen Rechtes initiiert worden durch einen Papst, der mit dem Ehrentitel eines „Seelsorgspapstes“ in die kirchliche Rechtsgeschichte eingegangen ist. Anfang des 20. Jahrhunderts war es Papst Pius X., diesmal „der Pfarrer der Welt“, der so viel geliebte Papst Johannes XXIII. Kirchliches Recht hat eben im Dienste der Bedürfnisse der Seelsorge zu stehen. Deshalb wollte auch Papst Johannes Paul II., daß der am 1. Adventsonntag in Kraft getretene Codex Iuris Canonici mit dem alten berühmten Axiom schließen solle, daß das Heil der Seelen in der Kirche immer das höchste Gesetz sein müsse (vgl. c. 1752).

I. Genese des neuen Kirchenrechts. (Wie ist es zum neuen CIC gekommen?)

Als Papst Johannes XXIII. am 25. Jänner 1959 in seiner denkwürdigen Ansprache im Kloster St. Paul vor den Mauern die Abhaltung einer römischen Diözesansynode und die Einberufung eines Allgemeinen Konzils ankündigte, sprach er auch von einer erwünschten und höchst notwendig gewordenen Anpassung des Codex Iuris Canonici. Ausdrücklich sagte der Papst damals, die Kirchenrechtsreform solle das Konzil begleiten und schließlich krönen.

Des unvergeßlichen Johannes-Papstes Vorschlag, Hand an das damals rund 40jährige Gesetzeswerk zu legen, war durch das von ihm selbst ausgegebene Losungswort „aggiornamento" wegweisend geprägt. Dieses oftmals zu verschiedensten Anlässen in den Mund genommene „aggiornamento" war ursprünglich eigentlich grundsätzlich für die Kirchenrechtsreform gemeint. Seine zündende Kraft bekam das Wort vom „aggiornamento" auf dem Zweiten Vatikanischen Konzil, das sich wie kein ökumenisches Konzil vor ihm einläßlich mit dem Wesen der Kirche befaßt hat und betont einer pastoralen Zielsetzung gefolgt ist.

Papst Paul VI. (1963–1978), der nach seiner Wahl auf den Stuhl Petri unverzüglich die Fortsetzung des Konzils ankündigte, brachte dieses „aggiornamento del Codice di Diritto Canonico" erst so recht zum Leben. Für diesen großen Konzilspapst bedeutete die von seinem Vorgänger in Aussicht gestellte Erneuerung des Kirchenrechtes geradezu ein heiliges Vermächtnis. Zu seinen höchsten Verdiensten zählt es, daß er mit Vehemenz eine theologische Sicht des Kirchenrechtes vertrat und für das geplante neue Kirchenrecht das Postulat aufstellte, Kirchenrecht müsse auf einem tieferen theologischen Verständnis einer Ordnung des kirchlichen Lebens aufbauen und dürfe nicht auf bürgerlichen Rechtsgrundsätzen und weltlichen Gesetzbüchern

als Vorbild beruhen. Kirchenrecht sei äußeres Zeichen des inneren Lebens des Volkes Gottes und habe dieses zu stützen, ja es nehme am sakramentalen Wesen der Kirche teil, deshalb solle im Zuge der Reformbemühungen alles unternommen werden, das erstarrte und in vielen Bereichen nicht mehr adäquate kanonische Recht wieder zu einer vitalen Kraft im Dienste der Heilssendung der Kirche zu machen. Wenn man bedenkt, daß 85 Prozent der vor Konzilsbeginn eingereichten Vorlagen Themen gewidmet waren, die mit dem kanonischen Recht zu tun hatten, und wenn man damit zum Vergleich nimmt, was in den 16 Dokumenten des Zweiten Vatikanischen Konzils aus diesen kirchenrechtlich geprägten Vorlagen geworden ist, dann wird man verstehen, welch ein gewaltiger spiritueller und theologischer Umschwung auf dem Konzil selbst passiert ist und warum die Reform des kanonischen Rechtes eine solche Weile gedauert hat.
Ursprünglich hatte man sich die CIC-Reform eher mehr simpler und kosmetischer Natur vorgestellt, d. h. es sollten die einzelnen Canones überprüft werden, inwieweit sie den Zeitverhältnissen und kirchlichen Notwendigkeiten gerecht werden; was obsolet geworden war, sollte ausgemerzt oder novelliert werden; im Grunde genommen war also nur an einige mehr oder weniger unbedeutende Änderungen einzelner Rechtssätze gedacht. Der Verlauf des Konzils hatte jedoch sehr schnell klar gemacht, daß zunächst das Selbstverständnis der Kirche zu klären sei; erst dann könne man auf den Ergebnissen des Konzils aufbauend die Kirchendisziplin neu regeln.
In diesem Ringen der Konzilsväter um eine fruchtbringende Reform des gesamten kirchlichen Rechtes offenbart aus den vielen Stimmen und Stellungnahmen die Wortmeldung des Bischofs De Smedt von Brügge am deutlichsten den Wandel, der sich schon gegen Ende der ersten Sitzungsperiode abzuzeichnen begann. Mit Blickrichtung auf das vorgelegte Schema „De Ecclesia" klagte dieser Bischof, und nicht nur er (in seinem Gefolge auch eine Reihe von Kardinälen), die gesamte Vorlage leide an Triumphalismus, Klerikalismus und Juridismus; mit bewegten Worten rief der Oberhirte dazu auf, die hohe Kirchenversammlung möge doch mehr ihr Augenmerk auf das Volk Gottes richten, denn diese theologische Sicht sei von zentraler Bedeutung für das Kirchenrechtsverständnis der neueren Zeit;

sodann forderte er, die Kirche müsse wieder mehr zur „Mutter" werden und zur Heimat anstatt zu einem trockenen, sterilen, juridischen Apparat.

Eigentlich war es erst die Bischofssynode des Jahres 1967, welche in entscheidender Weise die Weichen stellte für eine nunmehr intensiv einsetzende Reform des kanonischen Rechtes. Nach zehn Leitsätzen sollte die Kirchenrechtsreform in Angriff genommen werden:

1. Angelpunkt aller Reform ist die Frage nach dem Wesen des Kirchenrechts überhaupt
2. Verbindung von forum internum und forum externum
3. Vollmachten der Diözesanbischöfe sind zu klären und neu zu fassen
4. Dem Subsidiaritätsprinzip soll mehr Gewicht beigemessen werden
5. Alles Recht in der Kirche habe das Seelenheil zu fördern und müsse daher der Seelsorge dienen
6. Die fundamentale Frage der Christenrechte und Christenpflichten (Grundrechte) müsse einer Antwort zugeführt werden
7. Soll es in der Kirche auch eine Verwaltungsgerichtsbarkeit geben?
8. Ist die Kirche territorial zu gliedern oder soll man die „communio fidelium" als Grundlage der Kirchenverfassung ansehen? (Kirche als Gemeinschaft von Gläubigen und nicht als ein Verwaltungsbezirk)
9. Das Strafrecht bisheriger Prägung ist veraltert, es bedarf einer Vereinfachung und Adaptierung an die kirchlichen Verhältnisse
10. Änderung der Systematik auf Grund theologischer Einsichten (Tria-munera-Schema muß Grundlage für die Rechtsordnung sein)

Im Anschluß an das Konzil wurde zunächst eine Fülle von Ausführungsbestimmungen zu einzelnen Konzilsdekreten oder auf Grund postkonziliarer Reformerfordernisse erlassen (z. B. Ecclesiae Sanctae, De Episcoporum muneribus, Sacrum Diaconatus Ordinem, Matrimonia mixta, Ad pascendum, Ministeria quaedam, Causas matrimoniales usw.), nicht nur auf dem Gebiet der Liturgie, insbesondere auch auf dem Sektor des Kleriker- und Weiherechtes, der konsiliaren Diakonie und des Dis-

penswesens, auch in Fragen der Vereinfachung des Prozeßrechtes und der kirchlichen Verwaltung usw.
Es bedurfte der Einarbeitung dieser Ausführungsbestimmungen in die einzelnen Schemata zu den besonderen Teilen des geplanten neuen kirchlichen Gesetzbuches. Verständlicherweise nahm die Unübersichtlichkeit dessen, was noch geltendes kirchliches Recht war und was nicht mehr, immer krassere Formen an.
Nunmehr, zwei Jahrzehnte nach dem Tod von Papst Johannes XXIII. (3. Juni 1963) und 18 Jahre nach Beendigung des Zweiten Vatikanischen Konzils (8. Dezember 1965), liegt endlich das neue Kirchenrecht vor.
Mit diesem von Papst Johannes Paul II. promulgierten und in Kraft gesetzten CIC ist eine weltweite, alle Teilkirchen miteinbeziehende und unzählige Fachleute befassende Reformarbeit zum Abschluß gekommen. Somit ist auch einer langen Periode von Provisorien und Übergangsbestimmungen ein Ende gesetzt worden.
Es stellt sich daher die Frage: Vermag das neue Kirchenrecht dem von Papst Paul VI. und vom Zweiten Vatikanum gezeichneten Kirchenbild zu entsprechen? Ist das neue Recht des Volkes Gottes im Sinne der ursprünglichen Intention Papst Johannes XXIII. tatsächlich Krönung der gesamten konziliaren Reform? Oder enttäuscht der neue CIC die Erwartungen? Wird das neue Gesetzbuch praktikabel sein oder ist es bloß ein „Werk vom grünen Tisch“?
Im folgenden sollen nun in Streiflichterform die wichtigsten Neuerungen und Leitlinien des neuen CIC zusammenfassend aufgezeigt werden.

II. Wichtige Änderungen und Neuerungen

1. Bemühen um Vereinfachung und Transparenz

Der neue Codex Iuris Canonici darf zunächst als der im großen und ganzen geglückte Versuch gewertet werden, die Eigenart des Kirchenrechtes und seine theologischen sowie pastoralen Zielsetzungen in seinem systematischen Konzept, aber auch in seiner inhaltlichen Auffüllung verarbeitet zu haben.
Das bisherige Gesetzbuch der katholischen Kirche war in fünf

Bücher gegliedert (Normae generales, De personis, De rebus, De processibus, De delictis et poenis).
Ursprünglich hatten die Kanonisten des Hochmittelalters bereits eine Fünfgliederung im Dekretalenrecht etabliert gehabt (Bernhard von Pavia hatte hierfür Pate gestanden mit seinem berühmt gewordenen Hexameter: Iudex-iudicium-clerus-connubia-crimen). Der CIC von 1917 griff jedoch nicht auf dieses klassische Schema zurück, sondern bediente sich der von Lancelotti im 16. Jahrhundert aufgegriffenen römisch-rechtlichen Einteilung des Rechtsstoffes, wie sie einst Gaius und Justinian vorgenommen hatten: Personae – Res – Actiones. Wie unbefriedigend diese Einteilung war, stach im dritten Buch des CIC/1917 besonders hart ins Auge. Unter der Überschrift „De rebus" wurden so verschiedene Rechtsbereiche wie Sakramente, Kult und Verkündigung, Friedhofswesen, Pfründe und Patronat, Vermögensrecht, Gelübde und Eid, Anstalten und Stiftungen, kirchliches Lehramt usw. behandelt.
Gerade für Leute nördlich der Alpen (denen diese römisch-rechtliche Schau nicht so geläufig war, weil sie von einem germanisch-rechtlich geprägten Denken herkommen) bedeutete dieser „Sachenbegriff" eine unerträglich verdinglichte Sicht des sakramentalen Lebens und Handelns der Kirche.
Spätestens seit dem Zweiten Vatikanischen Konzil, insbesondere seit der Liturgiereform („Sacrosanctum Concilium") war klar, daß nicht länger mit diesem Begriff „De rebus" die Sakramente interpretiert und normiert werden können. Sakramente, so das Konzil, sind vielmehr „actiones Christi et Ecclesiae" (Lebensäußerungen der Kirche). Der nun am 27. November 1983 in Kraft gesetzte Codex Iuris Canonici ist in sieben Bücher geteilt: Normae generalis – De populo Dei (mit Grundrechtskatalog, Vereins- und Verbandsrecht, Verfassungsrecht) – De Ecclesiae munere docendi – De Ecclesiae munere sanctificandi – Vermögensrecht – Strafrecht – Prozeßrecht.
Im Zuge der Bearbeitung der einzelnen Schemata war man bestrebt, auch das Tria-munera-Schema dem Kirchenrecht zu unterlegen, um so die typische Eigenart des kanonischen Rechtes zum Ausdruck zu bringen. Auch wenn das Tria-munera-Schema nicht ganz glücklich eingearbeitet ist (vgl. z. B. De populo Dei), so ist doch die Gesamtsystematik im allgemeinen, wie sie nunmehr gestaltet ist, zu begrüßen.

Neben der geänderten Systematik fällt im neuen CIC eine größere Sparsamkeit an Canones auf, die jedoch nicht überbewertet werden darf. Der CIC/1917 hat 2414 Canones umfaßt, der neue CIC zählt 1752 Canones, also um 662 Canones weniger. Dies hat seinen Grund darin, daß das Strafrecht gründlich entrümpelt worden ist; auch im Prozeßrecht gibt es eine Reihe von Vereinfachungen, wobei die Normen über das Selig- und Heiligsprechungsverfahren ausgeklammert worden sind; auch ist das Benefizial- und Patronatsrecht im Anschluß an konziliare Weisungen nicht mehr universalrechtlich verankert; ebenso fehlen die Normen über die Römische Kurie; auch das Vermögensrecht ist höchst vereinfacht worden.
Der Gesamtaufbau des CIC sowie der Tenor einer ganzen Reihe von Canones zeigen, daß der Gesetzgeber mit dem neuen Rechtsbuch ein „Rahmenrecht" für die Universalkirche schaffen wollte. Über weite Passagen hinweg wird deshalb das Bemühen spürbar, dem Partikularrecht, d. h. der Rechtsgestaltung in den Teilkirchen, möglichst viel Spielraum zu belassen. So hat aus diesem Grunde etwa die Bischofskonferenz eine Reihe von Gesetzgebungskompetenzen erhalten; unter anderem wurde die Stellung des Diözesanbischofs gewaltig aufgewertet. Es fällt auch besonders auf, daß der neue Codex der „Einheit in Vielfalt" Wege aufzeigen und zugleich die in der Gesamtkirche vorhandene „Vielfalt des Lebens" schützen möchte. Es bedarf daher künftig einer Auffüllung der Rahmengesetze durch partikularrechtliche Normen; ebenso wird die dezentralisierende Tendenz spürbar. Im Bereich des Vermögensrechtes, der konsiliaren Diakonie, der Ordnung der verschiedenen Dienste der Laien wird vom Gesetzgeber teilkirchenrechtliche Weiterbildung erwartet usw.
Auffallend sind im neuen Gesetzbuch der katholischen Kirche die zahlreichen Kann-Bestimmungen. Dem freien Ermessen (etwa des Diözesanbischofs) und der kanonischen Billigkeit (aequitas) wird großes Gewicht beigemessen.
Ein typisches Charakteristikum des neuen CIC ist auch dessen ökumenische Ausrichtung, deren Tendenzen gesondert aufzuzeigen und zu würdigen wären.
Vom Konzil wurde die Mitverantwortung aller Christgläubigen für das Leben der Kirche und ihre Sendung in deutlichen Strichen gezeichnet. Der Codex geht unter anderem darauf ein, daß

er von den allgemeinen Grundrechten und Grundpflichten der Christgläubigen handelt. Erstmals enthält ein kirchliches Gesetzbuch einen solchen Grundrechtskatalog. In der Rechtspraxis wird es hier noch einiger Ausformulierungen bedürfen. Aus dem Verständnis der Kirche als Volk Gottes und Leib Christi erwächst die logische Konsequenz, die Stellung der Laien in der Kirche rechtlich stärker festzulegen. In den cc. 234ff. handelt nunmehr das neue Gesetzbuch allgemein von den allen Laien zukommenden Rechten und Pflichten. Über das Gesetzbuch verstreut finden sich jedoch noch eine Vielzahl wichtiger Normen, welche den Laien auch im kirchlichen Dienst bedeutende Funktionen überlassen. Sie können beauftragt werden zum Mitwirken in Verkündigung, Liturgie, karitativer Diakonie und überhaupt bei der Ausübung der Seelsorge.

2. *Aufwertung der Teilkirche und des Bischofsamtes*

a) Rechtstheologische Überlegungen

Das Zweite Vatikanische Konzil hat seine Aussagen über die Kirche in erster Linie dem Leitgedanken unterstellt, daß die Kirche das neue Volk Gottes darstellt. Daneben bedient sich das Konzil auch noch anderer biblischer Bildbegriffe von der Kirche: Corpus Christi und Tempel des Heiligen Geistes. Man müßte darüber hinaus auch auf das bibeltheologisch und ekklesiologisch bedeutsame Bild von Herde und Hirte, vom Weinstock und den Rebzweigen hinweisen. Diese Bilder sind besonders wichtig für das rechte Verständnis der spirituellen Dimension, welche zweifelsohne dem neuen kirchlichen Gesetzbuch eignet.
Grundsätzlich bleibt festzuhalten, daß dem neuen CIC diese biblisch begründete und sehr bildhaft geprägte theologische Sprechweise grundgelegt worden ist.
Aufbauend auf dem Bildbegriff des „Volkes Gottes", das als „Leib Christi" in Erscheinung tritt (J. Ratzinger), schlägt im neuen CIC der konziliare Gedanke der „communio" durch.
Das kirchenrechtliche Denken der Neuzeit war mit dem Begriff der „societas" verbunden. Auf die Frage, warum es in der Kirche überhaupt Recht brauche, antwortete man mit dem alten, aus der Sozialphilosophie genommenen Grundsatz: „Ubi societas, ibi ius."

Diese Zusammenkoppelung des kirchlichen Rechts mit der Kategorie der „societas“ und die damit eng mit innerweltlichen Strukturen zusammenhängenden Deutungsversuche des Wesens der Kirche und ihres Rechtes führten im Laufe der Kirchenrechtsgeschichte dazu, daß man zunehmend mehr Kraft für die Begründung eines eigenen Rechtes in der Kirche aufwenden mußte.

Es ist das unbestrittene Verdienst von Klaus Mörsdorf, der einen neuen Ansatzpunkt für das Kirchenrecht in den die Kirche konstituierenden Elementen, nämlich im Wort Gottes und in den Sakramenten, erkannt hat: Wort und Sakrament, insbesondere die Feier der Eucharistie, sind konstitutiv für das, was Kirche ist, nämlich (in der Sprache des Konzils ausgedrückt) das allumfassende Sakrament, d. h. Zeichen und Werkzeug für die innigste Vereinigung der Menschen mit Gott wie auch für die Vereinigung der ganzen Menschheit unter sich (vgl. dazu die dogmatische Konstitution über die Kirche „Lumen gentium“). Demnach ist es laut Konzil Sinn und Zweck der Kirche, für das ganze Menschengeschlecht die unzerstörbare Keimzelle der Einheit, der Hoffnung und des Heiles zu sein.

Kirchliches Recht kann und darf deshalb im Anschluß an das Zweite Vatikanische Konzil nur noch in dieser Perspektive gesehen werden. Die Kirche der ersten Jahrhunderte sprach von der „koinonia“ und verstand darunter nicht nur die Gläubigen einer Gemeinde, sondern alle, die an den göttlichen Gaben des Glaubens und der Eucharistie Anteil haben und die nach außen der Weltöffentlichkeit gegenüber die vom Geist gewirkte Einheit bezeugen.

Von dieser „koinonia“-Erfahrung her haben die Väter des Konzils mehr und mehr das Wesen der Kirche als „communio“ verstanden. Remigiusz Sobanski stellt diesbezüglich fest: „Der communio-Begriff erlaubt es der Kirche, mit eigenem Rechtsbewußtsein der Welt gegenüber zu erscheinen.“

Der neue CIC baut auf diesem communio-Prinzip auf in dreifacher Dimensionalität: communio fidelium – communio ecclesiarum – communio hierarchica.

Die deutliche Tendenz des neuen CIC geht dahin, nicht den einzelnen Christgläubigen für sich allein zu sehen, sondern vielmehr das Miteinander aller Christgläubigen im Blick auf den Dienst am Heil aller Menschen. Dieses „Miteinander-Christ-

sein" muß zu einer besseren Kommunikation der Christgläubigen führen, und zwar nicht nur im Dialog (vgl. hierzu die nach wie vor höchst aktuelle Enzyklika Papst Pauls VI. „Ecclesiam suam"), sondern auch in der „actuosa participatio" (in der tätigen oder existentiellen Anteilnahme an den Lebensvollzügen des Gottesvolkes).
Das neue Kirchenrecht rechnet mit dieser „communicatio" und setzt sie voraus, so etwa im Leben der Diözese und der Pfarrei, in den Instituten des geweihten Lebens und bei der Feier der Sakramente.
Der neue CIC offenbart geradezu eine Abneigung gegenüber allem Individualismus und Heilsegoismus.
Konkret bedeutet diese vom Recht geforderte Grundhaltung:
Weniger Kompetenzdenken, mehr Gemeinschaftsgesinnung, nicht Standesrecht, das Grenzen festlegt, sondern Einheitsbemühen, das gegenseitigen Austausch erleichtert,
nicht Kleriker gegen Laien und umgekehrt, sondern miteinander und füreinander der eigenen Berufung folgen und gemäß des je eigenen Amtes und Dienstes verfügbar sein.
Communicatio bedeutet Mitverantwortung aller an der Sendung der Kirche.
Am konkretesten wird dieses communio-Prinzip erkennbar in der konziliaren Lehre über das Bischofskollegium und in der Aussage über die Teilkirche, aber auch in der Lehre von der fundamentalen Gleichheit aller Christgläubigen (Grundbegriff des Christifidelis) und in dem darauf aufbauenden Katalog der allen Christgläubigen (also Klerikern und Laien) eigenen Grundrechte und Grundpflichten (vgl. cc. 208–223).
In Lumen gentium 23 wird bezüglich der Teilkirche (Diözese) gesagt, „daß die eine und einzige katholische Kirche in ihnen (Teilkirchen) und aus ihnen besteht". C. 368 CIC greift diese Konzilsaussage auf und beschreibt die Diözesen als „ecclesiae particulares, in quibus et ex quibus una et unica Ecclesia catholica exsistit".
Diese ekklesiologische Kurzformel des „in quibus et ex quibus" stellt sich sowohl gegen das Prinzip der Autokephalie als auch gegen das monistische Kirchenbild einer einzigen Weltdiözese.
Der oben schon ausgesprochene Gedanke der „Einheit in der Vielfalt" hat somit hinsichtlich der Verbundenheit der Teilkirchen im Gesamt der einen Kirche seine Bedeutung. Die com-

munio ecclesiarum ist das Gestaltgesetz der einen Kirche Jesu Christi, die aus Teilkirchen aufgebaut ist, deren jede die Gesamtkirche widerspiegelt (W. Aymans). Die Garantie für diese Einheit ist gegeben im Petrusamt und durch das Bischofskollegium. Somit ist Kirche keine Einheitskirche mit einer Vielfalt bischöflich geleiteter Verwaltungsbezirke; die Kirche ist auch kein auf den freiwilligen Zusammenschluß der vielen Teilkirchen zurückgehender Kirchenverbund. Als Gestaltgesetz der einen Kirche ist die communio ecclesiarum vielmehr die der einen Kirche eigentümliche Weise, die vielen Teile in das Ganze zu integrieren.
Somit erweist sich die Gemeinschaft der Bischöfe, in der die einzelnen Bischöfe ihre Teilkirche und alle zusammen mit dem Papst die gesamte Kirche repräsentieren, als hierarchischer Schnittpunkt der communio ecclesiarum. Von dieser Sicht her erhellt auch die einheitsstiftende und einheitsbewahrende Bedeutung des Petrusamtes. Denn die besondere Rolle des Papstes besteht darin, die hierarchische Gemeinschaft des Bischofskollegiums zu garantieren und zu erhalten. Das bedeutet auch in bezug auf die Frage nach der Besetzung der Bischofsstühle, daß derjenige ohne weiteres auch mit den anderen Bischöfen der Kirche in Gemeinschaft steht, der vom Papst zum Bischof einer Teilkirche bestellt wird, d. h. dem vom Papst die bischöfliche Gemeinschaft erteilt wird. Somit gilt der Grundsatz: Die Kirche ist universal als Gemeinschaft von Ortskirchen. In diesem Zusammenhang müßte noch ausführlich hingewiesen werden auf die Bedeutung des synodalen Elementes und auf das Gewicht der konsiliaren Diakonie auf allen Ebenen der Kirche.

b) Teilkirche und Bischofsamt

C. 369 CIC definiert in Anlehnung an CD 11 die Diözese als „Teil des Gottesvolkes, der dem Bischof in Zusammenarbeit mit dem Presbyterium zur Seelsorge anvertraut ist. Indem die Gläubigen ihrem Bischof als ihrem Hirten anhangen und von ihm durch das Evangelium und die Eucharistie im Heiligen Geist zusammengeführt (‚geweidet') werden, bilden sie eine Teilkirche, in der die eine, heilige, katholische und apostolische Kirche wahrhaft gegenwärtig ist". Diözese ist also nicht Verwaltungs-

bezirk oder Herrschaftsbereich eines bestimmten Bischofs; Diözese ist vielmehr territorial umschriebene Gemeinschaft von Christgläubigen unter Leitung ihres Bischofs, der zusammen mit dem Presbyterium den geistlichen Vollzug des Lebens der Kirche gewährleistet durch Verkündigung des Wortes Gottes und Feier der Sakramente.
Hand in Hand mit dieser Wiederentdeckung der Teilkirche durch das Konzil und in dessen Folge mit der Aufwertung der Diözese im neuen CIC geht die „Wiederherstellung der ursprünglichen Rechte des Diözesanbischofs". In Anerkennung von Nr. 8a des Dekretes über die Hirtenaufgabe der Bischöfe „Christus Dominus" wird in c. 381 § 1 über den Diözesanbischof gesagt, daß ihm als pastor proprius in der ihm anvertrauten Teilkirche alle ordentliche, eigenberechtigte und unmittelbare Vollmacht zur Ausübung seines Hirtenamtes zukommt. Den stärksten Ausdruck findet diese Aufwertung des Bischofsamtes in der Umkehrung des Konzessionssystems in das Reservationssystem (seit der Zeit des Konzils Schritt für Schritt vollzogen: Pastorale munus, Ecclesiae Sanctae, De Episcoporum muneribus usw.).
Gemäß den Normen des neuen Codex können die Diözesanbischöfe von allen allgemeinen Kirchengesetzen dispensieren, wenn nicht von der höchsten kirchlichen Autorität ein besonderer Vorbehalt gemacht worden ist. Somit sind die alten Quinquennalfakultäten obsolet geworden. Diese Aufwertung des Bischofsamtes und der Teilkirche hat eine ihrer Wurzeln auch in dem von der Bischofssynode 1967 aufgestellten Leitsatz, das Subsidiaritätsprinzip solle in der neuen Gesetzgebung stärker berücksichtigt werden.
Dieses Subsidiaritätsprinzip fand seinen speziellen Niederschlag auch in der rechtlichen Ordnung der Bischofskonferenzen, welche nunmehr im neuen CIC verankert sind (cc. 447ff.), ebenso auch in der Schaffung der Bischofssynode (cc. 342ff.).

III. Würdigung des neuen kirchlichen Gesetzbuches: Schlußfolgerungen und Perspektiven

1. Kanonisches Recht hat grundsätzlich diakonisch-pastorale Funktion. Wie jedes Recht hat auch kirchliches Recht die tragende und stützende Aufgabe des Skelettes, ohne das Lebewesen in dieser Welt nicht sein können.

Der neue CIC will als Lebensordnung des Volkes Gottes verstanden werden („sacrae disciplinae leges“); die einzelnen Normen sollen dem Miteinander und Füreinander der Christgläubigen dienen. Die Canones sind gemäß ihrer ursprünglichen Begriffsbedeutung als Richtschnur für das Leben des Volkes Gottes und seine Sendung zu verstehen. Sie haben Hilfe zu geben und Stütze zu bieten, damit das christliche Leben in der communio fidelium et ecclesiarum fruchtbringend verwirklicht werden kann.

Die betont diakonisch-pastorale Funktion des Kirchenrechtes hat schließlich den Zweck, jene Strukturen und Formen zu bieten, daß die Kirche als Volk Gottes für das ganze Menschengeschlecht die unzerstörbare Keimzelle der Einheit, der Hoffnung und des Heiles sein kann.

2. Der neue Codex Iuris Canonici baut auf den Dokumenten des Zweiten Vatikanums auf und setzt die Kenntnis der Konstitutionen, Dekrete und Erklärungen des Konzils voraus. Das rechte Verständnis des neuen Kirchenrechts verlangt geradezu gebieterisch nach bester Kenntnis des Konzils und der postkonziliaren Reformbemühungen. Es wird deshalb in Zukunft sehr wichtig sein, das hermeneutische Prinzip zu verteidigen, daß nämlich die Canones des neuen Gesetzeswerkes im Lichte der Aussagen des Konzils zu interpretieren sind und nicht umgekehrt. Was das Konzil lehrt, bleibt der maßgebende und angemessene Unterbau des Codex Iuris Canonici.

3. Während der CIC/1917 vordergründig als hierarchisches Ämtergefüge konzipiert war (Personenrecht) und die Abgrenzung von Klerikern und Laien in strengen Linien vollzogen hat, was zum bekannten Wort von Ulrich Stutz geführt hat, daß nur die Kleriker „Vollgenossen“, die Laien hingegen „Schutzgenossen“ seien, baut der neue Codex auf den theologischen Bildbegriffen des Volkes Gottes und des Leibes Christi auf und macht so die communio zum Formalprinzip der kirchlichen Rechtsordnung schlechthin.

Die aus der Taufe resultierende grundsätzliche Gleichheit aller Kirchenglieder veranlaßt den Gesetzgeber von allgemeinen Grundrechten und Grundpflichten in einem eigenen Katalog zu handeln (cc. 208ff.). Grundlage dieser Christenrechte ist die communio der Christifideles mit dem dreifaltigen Gott in der christlichen Glaubensgemeinschaft auf Grund der initiatio christiana. Von dieser Sicht getragen ist der Gesetzgeber bemüht, das Kirchenrecht nicht mehr personalistisch und individualistisch zu konzipieren, sondern vom christlichen Gemeindeprinzip her die Rechtsgestalt der kirchlichen Grundordnung aufzubauen.

4. Im letzten Canon des neuen CIC (c. 1752) wird auf das uralte kirchenrechtlich bedeutsame Axiom verwiesen: Salus animarum, quae in Ecclesia suprema lex semper esse debet. Nach diesem Heil haben alle Glieder des Volkes Gottes zu fragen und zu suchen, diesem Heil muß sich die Kirche, vor allem jeder, der ein Amt des Verkündens, Heiligens und Leitens innehat, verpflichtet wissen. Diese „salus animarum" ist Sehnsucht und Hoffnung des Volkes Gottes für alle Menschen, weil sich die Kirche vom Konzil her als Werkzeug für die Vereinigung des Menschengeschlechtes mit Gott und der ganzen Menschheitsfamilie unter sich begreift.
   Aus der Zusammenschau der Normen des neuen Kirchenrechts erhellt deutlich, daß die Kirche von ihrem Selbstverständnis her dem Kommen des Reiches Gottes zu dienen verpflichtet ist. Es gibt daher im Volke Gottes keine Planstellen und Machtpositionen zu vergeben, sondern die zu Trägern und zur Ausübung von kirchlicher Vollmacht Berufenen sind in den Hirtendienst des Volkes Gottes gestellt; dieser Hirtendienst besagt Sorge und Verantwortung für alle Anvertrauten (besonders deutlich wird das bei der Normierung der Fragen um das Bischofsamt und über den Seelsorgsdienst des Pfarrers herausgestellt).

5. Das neue kirchliche Gesetzbuch legt großen Wert auf Vereinigungen aller Art und auf Verbände, die ihre Wirksamkeit in das Leben der teilkirchlichen wie auch der gesamtkirchlichen communio hinein entfalten. Gemeinsame Wurzel der „consociationes" und der „instituta vitae consecratae" sowie der „societates vitae apostolicae" und der Säkularinstitute ist der Vereinigungswille der Christgläubigen; dieser Wille kann sich durchaus auch in einem Stifterwillen artikulieren, wobei die Hervorkehrung bestimmter Zwecke und Ziele sowie spiritueller, apostolischer und karitativer Motive charakteristisch ist. Von der Pfarrei wird etwa das Bild entworfen, daß sie Gemeinschaft von Gemeinschaften ist (vgl. c. 529 § 2)

und daß sie auf die je größere Gemeinschaft der Teilkirche und der Gesamtkirche hin offen sein muß.
Den Geistlichen wird mit Nachdruck ans Herz gelegt, die communio fraterna zu suchen und nach Kräften zu fördern (c. 275ff.).

6. Das entscheidende Urteil über das neue Gesetzbuch und die beste Würdigung des neuen CIC wird davon abhängen, wie das Konzil verwirklicht wird. Nur eine lebendige communio in Teilkirche und Gemeinde wird dafür sorgen, daß das neue Kirchenrecht nicht zur Enttäuschung wird. Ansätze zur Hoffnung und Zuversicht sind viele vorhanden. Kirchenrecht ist wohlgemerkt nicht das Leben der Kirche, aber es hat dem Leben zu dienen und dieses Leben der communio zu stützen und zu schützen, zu fördern und ihm Formen zu bieten. Es wird daher ein doppeltes für die Rechtspraxis der Kirche von Bedeutung sein:
   a) wichtig ist, daß „das Gesetzbuch nicht als in Marmor gehauen verstanden und als ein kirchliches Denkmal des Jahres 1983 behandelt, sondern in den Lebensprozeß der Kirche einbezogen wird“ (W. Aymans);
   b) wichtig ist, daß wir selber von einer großen Leidenschaft für die Sache Jesu und seine Kirche ergriffen sind. Verwurzelt im Wort Gottes und in den Sakramenten, insbesondere in der Eucharistie, „dem Gipfel und der Quelle allen christlichen Tuns“, dürfen wir mit großer Zuversicht in die Zukunft blicken. Das neue Kirchenrecht will unserem gemeinsamen Bemühen dienen, den Menschen den Weg zum Reiche Gottes zu zeigen und diesen Weg gehen zu helfen.
   In seiner ersten Enzyklika, „Redemptor hominis“, schreibt Papst Johannes Paul II., daß alle Wege der Kirche zum Menschen führen. Einer dieser ganz wichtigen Wege ist das kanonische Recht.

I. ABSCHNITT

PFARRGEMEINDE IM KIRCHENRECHT

Von Hans Paarhammer

PFARREI UND PFARRER IM NEUEN CIC

(Liber II De Populo Dei, Pars II, Sectio II, Titulus III, Caput IV De paroeciis, de parochis et de vicariis paroecialibus, cc. 515–552)

Vorbemerkung:

Aus der fundamentalen Lehre des Zweiten Vatikanischen Konzils über die Gemeinde sind richtungsweisende Grundentscheidungen festzuhalten, die sich im neuen kirchlichen Gesetzbuch in rechtlicher Normierung niedergeschlagen haben:

1. *Gesamtkirche in und aus Teilkirchen*

   In LG 23 wird bezüglich der Teilkirche gesagt, daß die eine und einzige katholische Kirche in und aus Teilkirchen besteht. Die Diözese ist Teilkirche kraft göttlichen Rechts mit einem Bischof als Vorsteher, der die Fülle der sakramental übertragenen geistlichen Vollmacht besitzt (vgl. c. 369).

2. *Substrukturierung der Teilkirche*

   Auf Grund geschichtlicher Gegebenheiten sind die Teilkirchen in Gemeinden substrukturiert.
   Wegen der Orthaftigkeit allen kirchlichen Handelns, vornehmlich wegen der Eucharistiefeier, kann die Teilkirche ihre Sendung nur in kleineren Einheiten, in Gemeinden, erfüllen.

3. *Gemeinde als personale Gemeinschaft*

a) Unter Gemeinde ist die unterste verfassungsrechtliche Organisationsform innerhalb der Teilkirche zu verstehen. Trotz aller strukturellen Ähnlichkeit mit der Teilkirche ist die Gemeinde selbst nicht Teilkirche, weil ihr die Fülle der Teilkirche fehlt.

b) Die Gemeinde ist nicht unterster Verwaltungsbezirk der Diözese, sondern wie die Teilkirche selbst wesentlich personale Gemeinschaft. Während die Teilkirche (Diözese) Teil des Gottesvolkes ist (portio populi Dei), ist nach der konziliaren Lehre die Gemeinde Versammlung der Gläubigen am Ort (congregatio fidelium localis).

c) Konstitutiv für diese Gliederung des Volkes Gottes ist allein das personale Element und nicht das territoriale Moment; d. h. konstitutiv sind die Gläubigen. Dem territorialen Element kommt nur determinativer (= abgrenzend-bestimmender) Charakter zu.

4. *Errichtung der Gemeinde durch die kirchliche Autorität*

a) Gemeinde entsteht nicht durch freien Zusammenschluß von Gläubigen. Eine Gemeinde wird dadurch errichtet, daß einer Vielzahl von einzelnen Kirchengliedern seitens der kirchlichen Autorität ein geistlicher Vorsteher gegeben wird (d. h. es wird das Amt eines Pfarrers errichtet). Neben dieser verfassungsrechtlichen, nicht auf der freien Initiative der einzelnen Gläubigen gründenden Gemeinschaftsform der Gemeinde ist die Vereinigungsfreiheit der Gläubigen darin gesichert, daß sich Gläubige innerhalb der Gemeinde und auch innerhalb der Teilkirche kraft freien Zusammenschlusses zusammenfinden und Vereine, Vereinigungen, Verbände und Gesellschaften bilden können; darunter versteht man vielgestaltige Gemeinschaften, die wie die kirchlichen Vereine und auch die klösterlichen Verbände dem kirchlichen Verbandsrecht angehören.

b) Gemeinde ist Zelle der Diözese und als solche eingebunden in die zwischengemeindlichen und übergemeindlichen Strukturen; d. h. Gemeinde ist eine zur Teilkirche und zu anderen Gemeinden hin offene Organisationsform.

c) Pfarrei ist die rechtliche Grundform der Gemeinde, weil der einer Pfarrei von der kirchlichen Autorität gegebene geistliche Vorsteher die Gemeinde als pastor proprius mit einer Eigenberechtigung leitet.

5. *Gemeinde und Priester*

Eine Gemeinde kann nur von einem Priester geleitet werden; den anderen Gläubigen bzw. Gliedern der Gemeinde können jedoch sehr wohl Mitwirkungsrechte und Mitwirkungspflichten zukommen.
Dem Priester kommt in der Gemeinde eine nicht durch andere ersetzbare unabdingbare Stellung und Aufgabe zu.
Der Priester „vollzieht in der Person Christi das eucharistische Opfer und bringt es im Namen des ganzen Volkes dar" (LG 10; PO 5).
Zum Aufbau und zur Entfaltung der Gemeinde ist die Eucharistiefeier unersetzlich. Da es Eucharistie ohne den Priester nicht geben kann, kann es auch Gemeinde ohne Priester nicht geben. In der Person des Priesters sind Repräsentations- und Leitungsfunktion untrennbar miteinander verbunden; diese doppelte Funktion kommt dem Priester kraft seiner sakramental gegebenen Befähigung durch die „potestas sacra" und kraft der kirchlichen Sendung zu.
Diese theologischen Einsichten lassen daher nicht mehr zu, daß eine juristische Person als solche „Pfarrer" ist, weil eben nur eine physische Person Priester und nur ein Priester wirklich Pfarrer und Leiter einer Gemeinde sein kann.

Literatur zu dieser Frage:

Heribert SCHMITZ, Pfarrei und Gemeinde. In: AfkKR 148 (1979), 48–71.

Hermann WIEH, Konzil und Gemeinde. Eine systematisch-theologische Untersuchung zum Gemeindeverständnis des Zweiten Vatikanischen Konzils in pastoraler Absicht. Frankfurt/Main 1978 (= FThSt 25).

I. Pfarrei

1. *Wesen und Begriff*

Unter Pfarrei versteht man eine bestimmte, auf Dauer angelegte, innerhalb der Teilkirche (Diözese) bestehende rechtlich verfaßte Gemeinschaft von Gläubigen, deren Seelsorge unter der Autorität des Diözesanbischofs einem Priester, Pfarrer genannt, als ihrem eigenen Seelsorger (pastor proprius) anvertraut ist (c. 515 § 1).

2. *Errichtung, Aufhebung und Veränderung von Pfarreien*

Allein Sache des Diözesanbischofs ist es, Pfarreien zu errichten, aufzuheben oder Veränderungen durchzuführen. In all diesen Belangen steht dem Priesterrat ein Anhörungsrecht zu, d. h. der Diözesanbischof muß vor Errichtung, Aufhebung oder Veränderung von Pfarreien immer zuerst den Priesterrat anhören (c. 515 § 2).

3. *Rechtspersönlichkeit*

Mit ihrer Errichtung ist die Pfarrei ipso iure juristische Person (c. 515 § 3).

Anmerkung:

Bisher waren das Gotteshausvermögen (fabrica ecclesiae) und das Pfarrbenefizium kirchliche Rechtspersonen. Mit Rücksicht auf die staatliche Rechtslage bleibt es unter partikularrechtlicher Sicht möglich, in Zukunft mehrere juristische Personen zu haben (Pfarrei als ganze, Pfarrkirche und Pfarrpfründe).
Bei Neuerrichtung von Pfarreien wird die Pfarrei als solche Rechtsperson; dies gilt auch für den staatlichen Bereich (die kanonische Errichtung der Pfarrei wird vom Bischof an das staatliche Kultusamt gemeldet).

II. Pfarrer

1. *Begriff*

Unter einem Pfarrer versteht das kanonische Recht einen eigenberechtigten Hirten (pastor proprius) der ihm übertragenen Pfarrei. Er ist Seelsorger an der ihm anvertrauten Gemeinschaft unter der Autorität des Diözesanbischofs, an dessen Christusdienst teilzuhaben er berufen ist, damit er für diese Gemeinschaft die Dienste des Lehrens, Heiligens und Leitens ausübt. Der Pfarrer arbeitet daher auch mit anderen Priestern oder Diakonen zusammen und wird auch von christgläubigen Laien unterstützt nach Vorschrift des Rechtes (c. 519).

2. *Bestellung*

a) Normalerweise wird der Pfarrer vom Diözesanbischof frei ernannt (c. 523).
Bei Ordensgeistlichen kann die Übertragung einer Pfarrei durch den Diözesanbischof über Präsentation oder wenigstens mit Zustimmung des zuständigen Oberen geschehen (c. 682 § 1).

b) Idoneität
Zum Pfarrer kann gültigerweise nur ein Priester bestellt werden (c. 521 § 1). Dieser Priester muß sich durch gesunde Lehre und vorbildlichen Lebenswandel (guten Charakter) auszeichnen; er muß Seeleneifer zeigen und andere Tugenden sowie gute Eigenschaften, die für die Pfarrseelsorge wichtig und förderlich sind, aufweisen (c. 521 § 2).
Damit einem Geistlichen eine Pfarrei übertragen werden kann, muß seine Eignung in der vom Diözesanbischof vorgeschriebenen Weise sicher festgestellt worden sein; diese Eignungsfeststellung hat durch eine Prüfung zu erfolgen (c. 521 § 3).
Dieselben Eignungsvoraussetzungen muß der Diözesanbischof auch bei der Bestellung von Ordensgeistlichen zu Pfarrern beachten.
Der Bischof muß jenem Geistlichen eine Pfarrei übertra-

gen, den er nach Prüfung aller Umstände für die Seelsorge der betreffenden Pfarrei für den geeigneten Pfarrer hält. Bei dieser Eignungsbeurteilung muß er den Dechanten anhören und andere Nachforschungen anstellen, wobei er allenfalls auch bestimmte Priester und Laien anhören kann (c. 524).

c) Einsetzung und Besitzergreifung
Mit der Besitzergreifung erlangt ein zur seelsorglichen Leitung der Pfarrei bestellter Geistlicher das Amt des Pfarrers. Von diesem Augenblick an ist er gehalten, das Pfarramt auszuüben (c. 527 § 1).
Diese Besitzeinweisung in die Pfarrei wird vom Ortsoberhirten oder von einem von diesem delegierten Priester unter Wahrung partikular- oder gewohnheitsrechtlicher Formen vorgenommen (c. 527 § 2). Der Ordinarius kann aus einem gerechten Grund von diesen Formen der Besitzeinweisung dispensieren, muß jedoch die stattgehabte Dispens der betreffenden Pfarrei mitteilen. In diesem Fall tritt die der Pfarrei mitgeteilte Dispens an die Stelle der Besitzeinweisung.
Der Ortsordinarius muß die genaue Zeit vorschreiben, innerhalb welcher die Besitzergreifung der Pfarrei zu erfolgen hat (c. 527 § 3).
Vor der Besitzergreifung oder im Rahmen derselben muß der bestellte Pfarrer das Glaubensbekenntnis ablegen (c. 833 n. 6).

d) Stabilität des Pfarrers
C. 522 statuiert, daß sich der Pfarrer der „Stabilität" erfreut und auf unbestimmte Zeit bestellt wird (damit wird dem im Dekret über die Hirtenaufgabe der Bischöfe „Christus Dominus" aufgestellten Grundsatz entsprochen: „Die Pfarrer aber sollen sich in ihren jeweiligen Pfarreien jener Festigkeit im Amt erfreuen, die das Seelenheil erfordert").
Die Bestellung eines Pfarrers auf bestimmte Zeit ist nur möglich, wenn die Bischofskonferenz dies durch Dekret gestattet hat (c. 522).

e) Besetzung einer Pfarrei bei Sedisvakanz und bei Behinderung des Diözesanbischofs:

Der Diözesanadministrator oder interimistische Leiter einer Diözese kann Priestern, die rechtmäßig für eine Pfarrei präsentiert oder gewählt worden sind, die Amtseinsetzung bzw. Bestätigung als Pfarrer gewähren. Nach einem Jahr der Sedisvakanz bzw. der Amtsbehinderung kann er selbst Pfarrer ernennen (c. 525).

3. *Ausscheiden aus dem Amt (c. 538)*

a) Ein Pfarrer scheidet aus dem Amt durch die vom Bischof rechtmäßig vorgenommene Absetzung oder Versetzung. Für Absetzung und Versetzung von Pfarrern gibt es im Kirchenrecht eigene Verfahrensvorschriften (siehe dazu unten S. 68ff.).

b) Aus einem gerechten Grund kann ein Pfarrer den Verzicht auf sein Amt erklären, wobei dieser Amtsverzicht, um gültig zu sein, der Annahme seitens des Diözesanbischofs bedarf.

c) Wenn ein Pfarrer auf bestimmte Zeit bestellt worden ist, scheidet er mit Ablauf der Zeit aus seinem Amte aus.

d) Mit Vollendung des 75. Lebensjahres ist der Pfarrer von Rechts wegen gebeten, dem Diözesanbischof den Verzicht auf sein Amt anzubieten.
Nach Prüfung aller die Person und den Ort betreffenden Umstände entscheidet der Diözesanbischof über die Annahme bzw. den Aufschub des Amtsverzichtes eines Pfarrers. Der Diözesanbischof muß unter Beachtung der hierfür von der Bischofskonferenz vorgesehenen Anweisungen für einen anständigen Lebensunterhalt und für eine entsprechende Wohnung des betreffenden Pfarrers Vorsorge treffen. (In manchen Diözesen wurde partikularrechtlich eine niedrigere Altersgrenze festgelegt.)

4. *Verschiedene Möglichkeiten für die Leitung einer Pfarrgemeinde*

Bei der Leitung der Pfarrgemeinde lassen sich auf der Grundlage des neuen CIC im wesentlichen drei Typen unterscheiden:

a) Ein-Gemeinde-Pfarrer:
Es ist der Regelfall, daß ein einziger Pfarrer die Pfarrgemeinde als „pastor proprius“ leitet.
Neben diesem „Einzelpfarrer“ kann die Leitung einer Pfarrgemeinde auch in den Händen eines Priesterteams liegen, d. h. mehreren Priestern ist die Ausübung des Pfarramtes „in solidum“ übertragen. Einer aus der Priestergruppe muß „Moderator“ sein: Zu seinen Aufgaben gehört es, den pastoralen Dienst aller Mitpfarrer zu einigen, zu leiten und zu lenken sowie zu überschauen. Der Moderator ist dem Diözesanbischof gegenüber zur Rechenschaft verpflichtet; er hat für eine ordnungsgemäße Führung der Pfarrbücher zu sorgen und sich um eine gewissenhafte Verwaltung des Pfarrvermögens zu kümmern; was die im Regelfall dem Einzelpfarrer zukommenden Vollmachten für die Erteilung von Dispensen und für die Eheassistenz anlangt, wird man beim „Teampfarrer“ (c. 517 § 1) davon ausgehen müssen, daß jedem Geistlichen des Priesterteams diese Vollmachten zu eigen sind. Das Bestellungsdekret muß diesbezüglich klare Auskünfte geben.
Sache des Moderators ist es, die Erteilung von Dispensen und die Assistenz bei den Eheschließungen zu koordinieren und zu überwachen.
Der Moderator wird auch auf Grund praktischer Überlegungen die Pfarrei in rechtsgeschäftlichen Dingen nach außen vertreten.

b) Mehr-Gemeinden-Pfarrer:
Darunter versteht man, daß für mehrere Pfarrgemeinden ein pastor proprius bestellt wird. Es geht hier um einen Zusammenschluß mehrerer rechtlich selbständig bleibender Pfarrgemeinden. Als Voraussetzung für die Übertragung der Seelsorge mehrerer Pfarreien an einen Pfarrer werden vom Gesetzgeber Priestermangel und andere Umstände genannt; wichtig ist, daß es sich um einander benachbarte Pfarreien handelt (vgl. c. 526 § 1).
Die Leitung kann in den Händen eines einzigen Priesters als Pfarrer liegen; er ist dann pastor proprius für jede einzelne Pfarrgemeinde. Bezüglich seiner Amtspflichten

gelten zum Teil Vereinfachungen (z. B. Applikationspflicht).
Die Leitung kann aber auch in den Händen eines Priesterteams liegen, d. h. mehreren Priestern zusammen „in solidum" ist die Ausübung des Pfarramtes unter Leitung eines Moderators übertragen. Es gelten hierfür die oben gemachten Darlegungen.

c) Nichtpfarrer-Priester (Moderator bei Teilhabe von Nichtpriestern an der Pfarrseelsorge)
Eine spezielle Form für die Leitung einer Pfarrgemeinde legt der Gesetzgeber in der Norm des c. 517 § 2 vor, wo es heißt, daß die pfarrliche Seelsorge unter der Moderation eines Priesters stehen kann, wobei die Teilhabe an der Ausübung der Seelsorge einem Diakon oder einem Laien (auch einem Ordensmann oder einer Ordensfrau) oder sogar einer Personengemeinschaft anvertraut sein kann.
Dieser Priester ist zwar mit den Vollmachten und Befugnissen, wie sie ein Pfarrer hat, ausgestattet, er ist aber rechtlich nicht Pfarrer; er ist frei abberufbar; er kann die ihm als Moderator anvertraute Pfarrei neben seinen sonstigen Aufgaben leiten; es ist auch denkbar, daß er für mehrere Pfarrgemeinden als Moderator bestellt wird (diese Pfarrgemeinden brauchen im Gegensatz zur Bestimmung von c. 526 § 1 nicht benachbart zu sein).
Es versteht sich, daß in solchen Pfarrgemeinden dem an der Seelsorge teilhabenden Diakon oder Laien bzw. der Personengemeinschaft eine sehr große Bedeutung zukommt.
Mit diesen verschiedenen im neuen Kirchenrecht verankerten Leitungsformen für Pfarrgemeinden will der Gesetzgeber nicht nur neuen Entwicklungen Rechnung tragen, sondern auch neue Wege eröffnen zur Bewältigung der heutigen Anforderungen in der Seelsorge in Zeiten akuten Priestermangels, zugleich soll eine möglichst große Flexibilität garantiert sein, um schwierigen pastoralen Situationen besser gerecht werden zu können.

III. Pfarrseelsorge

1. *Besondere Aufgaben eines Pfarrers*

In besonderer Weise sind von Rechts wegen einem Pfarrer wichtige Funktionen anvertraut (c. 530):

a) Feier der Taufe
b) Spendung der Firmung in Todesgefahr
c) Überbringen der Wegzehrung (Viaticum)
d) Spendung der Krankensalbung
e) Erteilung des Apostolischen Segens
f) Assistenz bei der Eheschließung und Erteilung des Brautsegens
g) Taufwasserweihe in der Osternacht
h) Abhalten von Prozessionen außerhalb der Kirche
i) feierliche Segnungen außerhalb des Gotteshauses
j) festliche Eucharistiefeier an Sonn- und gebotenen Feiertagen
k) Vollzug des kirchlichen Begräbnisses

2. *Allgemeiner Seelsorgsdienst eines Pfarrers*

In den cc. 528 und 529 werden unter Bedachtnahme auf die von Wort und Sakrament getragene bzw. auferbaute Gemeinschaft der Gläubigen die allgemeinen Seelsorgsverpflichtungen eines Pfarrers aufgezählt.

a) Dienst am Wort (c. 528 § 1)
Ein Pfarrer ist verpflichtet, dafür zu sorgen, daß das Wort Gottes allen in seiner Pfarrei sich aufhaltenden Menschen unverkürzt verkündet wird und daß die Christgläubigen in den Wahrheiten des Glaubens unterrichtet werden; dies hat besonders an Sonn- und Feiertagen durch Predigt und Homilie zu geschehen sowie in der allgemeinen katechetischen Unterweisung zu erfolgen.
Ein Pfarrer hat jene Werke zu fördern, durch welche der Geist des Evangeliums und die soziale Gesinnung sowie Gerechtigkeit begünstigt und gefördert werden.
Die katholische Erziehung der Kinder und Jugendlichen muß einem Pfarrer ganz besonders am Herzen liegen. Große Mühe muß er aufwenden, und zwar zusammen mit

allen Gläubigen, daß die Botschaft des Evangeliums auch jene erreicht, die den Glauben nicht mehr oder überhaupt nicht praktizieren; auch um jene hat er sich zu kümmern, die nicht den wahren Glauben bekennen.

b) Dienst am Sakrament und in der Liturgie (c. 528 § 2)
Ein Pfarrer muß vor allem darauf bedacht sein, daß die heilige Eucharistie das Zentrum der pfarrlichen Gemeinschaft der Gläubigen ist. Er muß bestrebt sein, daß die Christgläubigen durch eine ehrfürchtige Feier der Sakramente den kirchlichen Hirtendienst erfahren und vor allem eifrig und zahlreich an der Feier des Bußsakramentes und der Eucharistie teilnehmen.
Mit Eifer muß der Pfarrer darauf hinwirken, daß in den Familien das Gebet geübt wird und die Gläubigen aktiv und bewußt an der Gemeindeliturgie teilnehmen, deren Leitung ihm unter der Autorität des Diözesanbischofs zusteht. Er hat darüber zu wachen, daß in der Liturgie keine Mißbräuche einreißen.

c) Menschenbezogene Pastoration (c. 529 § 1)
In entsprechender Erfüllung seines pastoralen Sendungsauftrages muß der Pfarrer alles ihm nur Mögliche unternehmen, die ihm in seiner Pfarrei anvertrauten Gläubigen zu kennen.
Er muß aus diesem Grunde die Familien besuchen und an den Sorgen, Ängsten und an der Trauer der Menschen Anteil nehmen, sie in der Kraft Gottes stärken und, wenn sie Fehler und Sünden begehen, ihnen in kluger Weise zur Besserung verhelfen. Des weiteren muß er sich der Kranken, insbesondere der Sterbenden annehmen und ihnen in Liebe beistehen, indem er sie eifrig mit den Sakramenten stärkt und ihre Seelen Gott empfiehlt. Mit besonderer Liebe muß er den Armen zugetan sein, ebenso den Bedrängten und Einsamen, den Heimatvertriebenen und überhaupt allen, die von besonderen Schwierigkeiten geplagt und heimgesucht sind.
Er muß sich dafür einsetzen, daß den Eheleuten und Eltern in der Erfüllung ihrer Aufgaben geholfen wird; in den Familien muß er das Wachstum des christlichen Lebens fördern.

d) Förderung des pfarrlichen Gemeinschaftsbewußtseins (c. 529 § 2)
Der Pfarrer muß die den Laien eigene Aufgabe in der Sendung der Kirche anerkennen und fördern. Er muß daher auch ihre Vereinigungen und Gemeinschaften, durch welche die Ziele der Religion gefördert werden, begünstigen.
In Zusammenarbeit mit dem eigenen Bischof und dem Presbyterium der Diözese arbeitet der Pfarrer darauf hin, daß die Gläubigen sich um die pfarrliche Gemeinschaft sorgen und daß sie sich als Glieder der Diözese und der Gesamtkirche fühlen und an den Werken, welche diese Gemeinschaft fördern, teilnehmen und sie unterstützen.

3. *Residenzpflicht und Urlaub (c. 533)*

a) Auf Grund der allgemeinen und besonderen Seelsorgspflichten ist jeder Pfarrer zur Residenz in der ihm übertragenen Pfarrei gehalten. Diese Residenzpflicht erfüllt ein Pfarrer im Pfarrhof, der nahe bei der Kirche gelegen sein soll (c. 533 § 1).

b) Bei Vorliegen eines gerechten Grundes kann der Ortsoberhirt gestatten, daß der Pfarrer anderswo, insbesondere in einem Haus mit mehreren Priestern, wohnt. Wichtig ist dabei, daß für die Erfüllung und Besorgung der pfarrlichen Aufgaben und Amtshandlungen ordnungsgemäß und in geeigneter Weise vorgesorgt ist (c. 533 § 1).

c) Wenn nicht ein schwerwiegender Grund dagegen spricht, darf der Pfarrer jährlich nicht länger als höchstens einen Monat urlaubshalber von seiner Pfarrei abwesend sein; er kann seinen Urlaub im Ganzen oder auch aufgeteilt verbringen (c. 533 § 2).

d) Einmal im Jahr kann sich der Pfarrer zusätzlich zum Urlaub auf geistliche Exerzitien zurückziehen (c. 533 § 2).

e) Wenn der Pfarrer länger als eine Woche von der Pfarrei abwesend ist, muß er darüber den Ortsordinarius verständigen (c. 533 § 2).

f) Sache des Diözesanbischofs ist es, durch geeignete Maßnahmen Vorsorge zu treffen, daß in Zeiten des Urlaubs eines Pfarrers und seiner Abwesenheit von der Pfarrei für Vertretungen durch Priester mit entsprechenden Vollmachten gesorgt wird (c. 533 § 3).

4. Applikationspflicht (c. 534)

a) Von der Besitzergreifung seiner Pfarrei an ist jeder Pfarrer verpflichtet, an allen Sonntagen sowie an den in der betreffenden Diözese gebotenen Feiertagen die hl. Messe für das ihm anvertraute Pfarrvolk darzubringen.
Ist der Pfarrer rechtmäßig an der Erfüllung dieser Applikationspflicht verhindert, muß er entweder diese Pflicht durch einen anderen Priester an den betreffenden Tagen erfüllen lassen oder selbst diese Pflicht an anderen, für ihn möglichen Tagen, nachträglich erfüllen (c. 534 § 1).
Die Applikationspflicht stellt somit eine höchstpersönliche Verpflichtung des Pfarrers dar.

b) Ist einem Pfarrer die Sorge für mehrere Pfarreien anvertraut, so ist er an den genannten Sonn- und gebotenen Feiertagen gehalten, eine Messe für das gesamte ihm anvertraute Volk zu zelebrieren (c. 534 § 2).

c) Hat ein Pfarrer die Applikationspflicht nicht erfüllt, muß er sobald wie nur möglich so viele heilige Messen darbringen, wie er ausgelassen hat (c. 534 § 3).

5. *Führung der Pfarrkanzlei (c. 535)*

a) Jeder Pfarrer ist als kirchlicher Urkundsbeamter verpflichtet, die Pfarrmatriken (Taufbuch, Trauungsbuch, Sterbebuch) und alle von der Bischofskonferenz sowie vom Diözesanbischof vorgeschriebenen Pfarrbücher genauestens zu führen, die entsprechenden Eintragungen vorzunehmen und die Bücher sorgfältig und sicher aufzubewahren (c. 535 § 1).

b) Das Taufbuch ist als „Personenstandsbuch" der Christgläubigen stets auf neuestem Stand zu halten, d. h. der Pfarrer muß in dieses alles eintragen, was den kanonischen Stand der Christgläubigen betrifft: Firmung, allfälliger Rituswechsel, Eheschließung (mit Ausnahme der Gewissensehe gemäß c. 1133), Adoption, Weiheempfang, Ablegung der ewigen Ordensprofeß, Austritt aus der Kirche. Bei Ausstellung eines Taufscheines müssen diese besonderen Eintragungen ausdrücklich vermerkt werden (c. 535 § 2).

c) Jede Pfarrei besitzt ihr eigenes Siegel.
Alle Zeugnisse, welche über den kirchlichen Personenstand der Gläubigen ausgestellt werden, sind vom Pfarrer oder seinem Delegierten zu unterschreiben und mit dem Pfarrsiegel zu siegeln; dasselbe gilt für alle Akten, denen rechtliche Bedeutung zukommt (c. 535 § 3).

6. *Pfarrarchiv*

a) In jeder Pfarrei muß ein Pfarrarchiv eingerichtet werden, in welchem die Pfarrbücher, bischöfliche Briefe, Schriftstücke sowie andere notwendige und wertvolle Dokumente aufbewahrt werden (c. 535 § 4).

b) Gelegentlich der Visitation oder bei anderen Anlässen muß der Diözesanbischof oder der von ihm Beauftragte auch das Pfarrarchiv inspizieren (c. 535 § 4).

c) Der Pfarrer darf Archivakten nicht in fremde Hände gelangen lassen (c. 535 § 4).

d) Auch die älteren Pfarrbücher müssen sorgfältig aufbewahrt werden; diesbezüglich und überhaupt hinsichtlich der Archivordnung geben partikularrechtliche Vorschriften nähere Anweisungen (c. 535 § 5).

IV. Konsiliare Diakonie auf Pfarrebene

1. Pfarrgemeinderat als „pfarrlicher Pastoralrat“ (c. 536)

a) Der Gesetzgeber überläßt es dem Urteil des Diözesanbischofs, in den Pfarreien Pastoralräte einzurichten, wenn dies ihm günstig erscheint. Bevor der Diözesanbischof eine diesbezügliche Entscheidung trifft und Pfarrgemeinderäte einrichtet, muß er zunächst den Priesterrat anhören.

b) Vorstand des Pfarrgemeinderates ist der Pfarrer selbst.

c) Im Pfarrgemeinderat sollen alle Mitglieder zusammen mit denen, die kraft ihres Amtes an der Pfarrseelsorge beteiligt sind, die seelsorglichen Aktivitäten fördern und ihre Unterstützung leisten.

d) Der Pfarrgemeinderat hat beratendes Stimmrecht.

e) Nähere Regelungen bezüglich der Pfarrgemeinderäte hat der Diözesanbischof zu treffen (c. 536 § 2).

Anmerkung:

Die in den österreichischen Diözesen bereits in nachkonziliarer Zeit eingerichteten Pfarrgemeinderäte dürften im wesentlichen mit diesen Bestimmungen übereinstimmen; sie werden z. Zt. überprüft und – wenn notwendig – wird die römische Zustimmung zu einer partikularrechtlichen Regelung angestrebt.

2. Pfarrlicher Verwaltungsrat (Wirtschaftsrat) (c. 537)

a) Das allgemeine Kirchenrecht schreibt für jede Pfarrei einen pfarrlichen Verwaltungsrat vor, der den Regelungen des allgemeinen Rechtes sowie den vom Diözesanbischof erlassenen Normen unterliegt.

b) Die Mitglieder sind Gläubige der betreffenden Pfarrei; sie werden entsprechend den genannten Normen ausgewählt.

c) Dieser Verwaltungsrat unterstützt den Pfarrer in den Belangen der pfarrlichen Vermögensverwaltung; die Vorschrift des c. 532, gemäß der jeder Pfarrer Verwalter des Pfarrvermögens ist, ist zu beachten.

V. Pfarrliche Vermögensverwaltung

1. *Allgemeines*

Eine Pfarrei wird in allen Rechtsangelegenheiten vom Pfarrer entsprechend den einschlägigen Vorschriften vertreten. Der Pfarrer ist verpflichtet, die Güter der Pfarrei nach den Weisungen der cc. 1281–1288 zu verwalten (c. 532).

a) Eidesleistung
Bei Amtsantritt muß der Pfarrer vor dem Ordinarius oder dessen Beauftragten einen Eid leisten, die Verwaltungsaufgabe gut und getreu zu erfüllen (c. 1283 n. 1).

b) Inventar (Güterverzeichnis)
Ein genaues und detailliertes Inventar aller unbeweglichen und beweglichen Güter (seien sie kostbar oder sonstwie wertvollen Kulturgütern zugehörig) ist zu erstellen.
Dieses Inventar hat eine Beschreibung und schätzungsweise Wertangabe der genannten Güter zu enthalten; es muß unterschrieben und von der kirchlichen Autorität anerkannt sein (c. 1283 n. 2).
Eine Ausfertigung dieses Inventars ist im Archiv der Pfarrverwaltung (eventuell Pfarrarchiv) zu verwahren; die andere Ausfertigung des Inventars ist im Archiv der bischöflichen Kurie zu verwahren; jede Änderung des pfarrlichen Vermögensstandes muß in beiden Ausfertigungen nachgetragen werden (c. 1283 n. 3).

2. *Treuhänderische Sorgepflicht*

Der Pfarrer übt zusammen mit allen, die ihn dabei unterstützen, die Aufgaben der Vermögensverwaltung im Namen der Kirche und entsprechend den kirchlichen Rechtsnormen aus (c. 1282).
Wie jeder kirchliche Vermögensverwalter ist auch der Pfarrer gehalten, seine Aufgabe mit der „Sorgfalt eines guten Hausvaters" zu erfüllen (c. 1284 § 1). Diese Sorgfalt wird durch eine Reihe von besonderen Vorschriften näher umschrieben:

a) Der Pfarrer muß darüber wachen, daß das Pfarrvermögen nicht verlorengeht oder Schaden erleidet; entsprechende Versicherungsverträge sind abzuschließen (c. 1284 § 2 n. 1).

b) Er muß Sorge tragen, daß das Eigentum am Pfarrvermögen auch in zivilrechtlich gültiger Form sichergestellt ist (c. 1284 § 2 n. 2).

c) Vorschriften des kanonischen und zivilen Rechtes sind zu beachten, damit kein Schaden an den Kirchengütern entsteht; ebenso ist das, was vom Stifter oder Geber oder von einer rechtmäßigen Autorität an Auflagen gemacht wurde, einzuhalten (c. 1284 § 2 n. 3).

d) Einkünfte und Erträgnisse müssen genau und zur rechten Zeit eingehoben, sicher verwahrt und nach dem Stifterwillen sowie entsprechend den rechtmäßigen Vorschriften verwendet werden (c. 1284 § 2 n. 4).

e) Zinsen für Darlehen oder Hypotheken müssen zeitgerecht bezahlt werden; ebenso ist für die Rückzahlung von Schulden in geeigneter Weise Vorsorge zu treffen (c. 1284 § 2 n. 5).

f) Überschüssige Gelder sind nutzbringend anzulegen und nach eingeholter Zustimmung des Ordinarius für die Zwecke der Pfarrei zu verwenden (c. 1284 § 2 n. 6).

g) Der Pfarrer muß über die Einnahmen und Ausgaben sorgfältig Buch führen (c. 1284 § 2 n. 7).

h) Zum Jahreswechsel ist ein Rechnungsabschluß zu erstellen (c. 1284 § 2 n. 8).

i) Urkunden sowie andere wichtige Dokumente und Unterlagen, soweit sie sich auf die pfarrlichen Vermögensrechte und die pfarrliche Vermögensverwaltung beziehen, müssen entsprechend geordnet in einem eigenen Archiv aufbewahrt werden; nach Möglichkeit sollen authentische Exemplare dieser Urkunden, Dokumente und Schriftstücke im Archiv der bischöflichen Kurie hinterlegt und aufbewahrt werden (c. 1284 § 2 n. 9).

j) Der Gesetzgeber empfiehlt mit Nachdruck die Erstellung eines Haushaltsplanes: Jährlich soll vom Vermögensverwalter eine Vorschau auf Einnahmen und Ausgaben durchgeführt werden. Das Partikularrecht gibt hierzu nähere Anweisungen (c. 1284 § 3).

k) Jährlich ist dem Oberhirten Rechenschaft über die Güterverwaltung zu geben (c. 1287 § 1). Ebenso besteht über jene Güter, welche der Kirche gegeben werden, gegenüber den Gläubigen eine vom Partikularrecht vorzuschreibende Rechenschaftspflicht (c. 1287 § 2).

3. *Haftung und Vollmacht*

a) Die Pfarrgemeinde haftet für die von ihrem Verwalter (bzw. ihren Verwaltern) ungültig gesetzten Rechtsakte nur dann, wenn und insoweit sie etwas aus diesen erhalten hat. Haben die Verwalter unerlaubt, aber gültig irgendwelche Akte gesetzt, haftet die Pfarrei, wobei jedoch ein Klagerecht gegenüber dem Verwalter, der den Schaden verursacht hat, besteht (c. 1281 § 3).
Wenn aus der eigenmächtigen Aufgabe oder Vernachlässigung der Vermögensverwaltung für die Pfarrei ein Schaden entstanden ist, besteht Restitutionspflicht (c. 1289).

b) Im Rahmen der ordentlichen Güterverwaltung bedarf der Pfarrer in allen Fällen, welche die Grenzen bzw. die Weise der ordentlichen Verwaltung überschreiten, einer vorausgehenden schriftlichen Vollmacht des Ordinarius (c. 1281 § 1). Näheres wird diesbezüglich vom Diözesanbischof festgelegt (c. 1281 § 2).

4. *Oblationes – letztwillige Verfügungen – Stiftungen*

a) Die von den Gläubigen anläßlich der Sakramentenspendung und der besonderen pfarrlichen Funktionen gereichten Gaben sind vom Pfarrer der „massa paroecialis" zuzuführen, es sei denn, daß durch die Intention des Gebers ausdrücklich etwas anderes festgelegt worden ist bzw. feststeht.
Dies gilt auch dann, wenn gewisse Seelsorgshandlungen

von einem anderen Geistlichen (und nicht vom Pfarrer oder Kaplan) vorgenommen worden sind. Der Diözesanbischof hat nach Anhörung des Priesterrates über die Bestimmung dieser Gaben und über die Entlohnung der Geistlichen, die den betreffenden Dienst erfüllen, Vorschriften zu geben (c. 531).

b) Bei Verfügungen von Todes wegen (Testament, Erbvertrag) zugunsten der Pfarrei (bzw. Pfarrkirche) müssen die Förmlichkeiten des Zivilrechtes beachtet werden (c. 1299 § 2). Die Pfarrei kann auch durch Rechtsgeschäfte unter Lebenden (Schenkungen) Güter erwerben (c. 1299 § 1).
Bei allen diesen Verfügungen, sei es unter Lebenden, sei es von Todes wegen, muß immer der Oberhirte als Vollstrecker gemäß c. 1301 § 1 eingeschaltet werden. Anläßlich der Visitation prüft der Diözesanbischof oder dessen Beauftragter die Erfüllung und Einhaltung der frommen Verfügungen (c. 1301 § 2).
Der Wille eines gläubigen Gebers oder Erblassers ist stets sorgsam und gewissenhaft zu erfüllen (c. 1301 § 3).

c) Soweit in einer Pfarrei fromme Stiftungen bestehen, müssen die Stiftungsverbindlichkeiten (Stifterwille) erfüllt und eingehalten werden.
Zur Annahme einer neuen Stiftung ist die schriftliche Erlaubnis des Oberhirten notwendig (c. 1304 § 1).
Stiftungen müssen grundsätzlich schriftlich beurkundet werden, wobei eine Ausfertigung im Diözesanarchiv und die andere im Pfarrarchiv (bzw. Pfarrverwaltungsarchiv) zu hinterlegen und sicher aufzubewahren ist (c. 1306).
Über die Bedingungen in bezug auf Annahme und Errichtung frommer Stiftungen muß das Partikularrecht Regelungen treffen (c. 1304 § 2). Gestiftete Gelder und bewegliche Sachen (z. B. Pretiosen) müssen unverzüglich an einem vom Oberhirten gutgeheißenen und sicheren Ort hinterlegt und aufbewahrt werden; diese vorläufige Maßnahme dient dem Schutz der Vermögenswerte (c. 1305).
Nach dem klugen Ermessen des Oberhirten sollen die gestifteten Vermögenswerte möglichst rasch in sicherer und fruchtbringender Weise angelegt werden; hierzu sind die an der Stiftung Beteiligten sowie der diözesane Rat für

wirtschaftliche Angelegenheiten zu hören (c. 1305). Grundsätzlich empfiehlt sich, in allen Stiftungsangelegenheiten das Ordinariat zu befassen, welches das weitere Vorgehen zu regeln hat. Dies gilt insbesondere auch für alle Fragen der Herabsetzung von Meßverpflichtungen (z. B. Legatmessen, Stiftungsmessen); dies betrifft auch alle Änderungen von Stiftungen und Stiftungsverbindlichkeiten.

d) Neben dem Stipendienbuch für Handstipendien muß ein Stiftungsbuch geführt werden, in welchem die Erfüllung der Stiftungsobliegenheiten und die Lasten aufgeführt werden (c. 1307 § 2).

VI. Kirchliches Begräbnis

1. *Grundsätzlich haben alle verstorbenen Christgläubigen ein Recht auf ein kirchliches Begräbnis, sofern ihnen dieses Recht nicht ausdrücklich aberkannt ist (c. 1176 § 1).*

a) Katechumenen haben dasselbe Begräbnisrecht wie die Gläubigen (c. 1183 § 1).

b) Kleinkinder, welche nach dem Willen der Eltern hätten getauft werden sollen, aber vor der Taufe gestorben sind, erhalten ein kirchliches Begräbnis (c. 1183 § 2).

c) Christgläubige Mitglieder von getrennten Kirchen oder kirchlichen Gemeinschaften können nach dem klugen Ermessen des Ortsordinarius ein kirchliches Begräbnis bekommen, wenn der Amtsträger ihrer Gemeinschaft hierfür nicht erreichbar ist und ihr gegenteiliger Wille nicht feststeht (c. 1183 § 3).

d) Fürbittgebete für alle, auch für verstorbene Ungetaufte, dürfen grundsätzlich dargebracht werden, jedoch ist der amtliche kirchliche Begräbnisritus für die genannten Gruppen nicht anwendbar.

2. *Begräbnisverweigerung*

Ein kirchliches Begräbnis ist folgenden Leuten zu verweigern, sofern sie nicht vor ihrem Hinscheiden noch Zeichen der Reue von sich gegeben haben (vgl. c. 1184 § 1):

a) notorischen Apostaten, Häretikern und Schismatikern

b) jenen, welche aus Gründen gegen den Glauben und die Kirche ihren Leichnam zur Verbrennung bestimmt haben

c) anderen offenkundigen Sündern, deren kirchliches Begräbnis ein öffentliches Ärgernis für die Gläubigen wäre.

In Zweifelsfällen ist immer im Ordinariat anzufragen; die Entscheidung des Ortsoberhirten ist verbindlich (c. 1184 § 2). Für jene, die vom kirchlichen Begräbnis ausgeschlossen sind, kann keine Totenmesse zelebriert werden (c. 1185).

3. Der für einen Christgläubigen darzubringende Totengottesdienst ist in der Regel in der Pfarrkirche abzuhalten (c. 1177 § 1). Jedem Gläubigen steht jedoch das Recht zu, eine andere Begräbniskirche zu wählen, sofern der Rektor dieser erwähnten Kirche zustimmt; das gleiche Recht haben diejenigen, denen die Sorge für ein kirchliches Begräbnis zukommt. Es besteht jedoch die strenge Pflicht, daß dem eigenen Pfarrer des Verstorbenen über diese Wahl einer anderen Begräbniskirche als der Pfarrkirche Mitteilung gemacht wird (c. 1177 § 2).
Stirbt jemand außerhalb der eigenen Pfarrei und wird der Leichnam nicht in die Heimatpfarrei überführt und ist auch keine andere Begräbniskirche rechtmäßig gewählt worden, muß der Totengottesdienst in der Pfarrkirche des Sterbeortes gefeiert werden, soweit nicht das Partikularrecht etwas anderes bestimmt (c. 1177 § 3).

4. Besitzt eine Pfarrei einen eigenen Friedhof, müssen die verstorbenen Gläubigen dieser Gemeinde auf dem Pfarrfriedhof bestattet werden, sofern nicht der Verstorbene oder jene, denen die Sorge für das Begräbnis zukommt, einen anderen Friedhof rechtmäßig gewählt haben (c. 1180 § 1).

5. Was die Gläubigen anläßlich eines Begräbnisses an Opfergaben darreichen, muß gemäß den Regeln, wie sie in der Kirchenprovinz gelten, verwendet werden.
Eine Bevorzugung von Personen beim Begräbnis darf nicht vorkommen; arme Leute dürfen eines würdigen kirchlichen Begräbnisses nicht beraubt werden (c. 1181).

6. Nach dem Begräbnis muß sich der Pfarrer um Eintragung des Sterbefalles in das Totenbuch der Pfarre kümmern; dabei sind die Vorschriften des Partikularrechtes zu beachten (c. 1182).

VII. Vakanz einer Pfarrei und Vertretung eines Pfarrers

1. Ist eine Pfarrei vakant geworden, muß der Diözesanbischof möglichst bald einen Pfarradministrator bestellen; dies gilt auch für jene Fälle, in denen ein Pfarrer an der Ausübung seines Seelsorgsamtes gehindert ist.
Gründe für eine solche Verhinderung können laut Gesetzbuch folgende sein: Gefangenschaft, Exil, Verbannung, Unfähigkeit und entsprechende gesundheitliche Beeinträchtigung (c. 539).
Hinsichtlich der Rechte und Pflichten sowie der entsprechenden Seelsorgsaufgaben ist der Pfarradministrator dem kanonischen Pfarrer gleichgestellt (c. 540 § 1); weil er jedoch auf Grund der interimistischen Natur seines Amtes nicht jene Stabilität aufweist, die dem kanonischen Pfarrer zukommt, darf der Pfarradministrator nichts unternehmen und tun, was den Rechten und Pflichten des Pfarrers vorgreifen könnte oder gar den pfarrlichen Gütern zum Schaden wäre (vgl. c. 540 § 2).
Der Pfarradministrator ist nach Ablauf seiner Amtszeit zur Rechenschaft gegenüber dem Pfarrer verpflichtet (c. 540 § 3).

2. Da es jedoch häufig vorkommen kann, daß der Diözesanbischof nicht sogleich einen Pfarradministrator zu bestellen in der Lage ist, muß bis zur Ernennung eines solchen zunächst der Pfarrvikar (Kooperator, Kaplan) oder, wenn mehrere Pfarrvikare vorhanden sind, der frühest ernannte, die interimistische Leitung der Pfarrei übernehmen. Gibt es in einer Pfarrei keinen Pfarrvikar, muß gemäß partikularrechtlicher Vorschrift die interimistische Leitung entweder vom Dechant oder von einem Nachbarpfarrer übernommen werden (vgl. c. 541 § 1). Dieser einstweilen von Rechts wegen tätige Pfarradministrator muß unverzüglich die Vakanz der Pfarrei bzw. die Verhinderung des Pfarrers melden (c. 541 § 2).

3. Sache des Diözesanbischofs ist es auch, geeignete Regelungen zu treffen, um für die Zeit der Vakanz einer Pfarrei bzw. der Abwesenheit eines Pfarrers Vorsorge zu treffen für eine geordnete Seelsorge in der betroffenen Pfarrei durch einen mit den notwendigen Vollmachten ausgestatteten Priester (c. 533 § 3).

4. Wie dieser Pfarradministrator in den einzelnen Diözesen bezeichnet wird, bleibt dem Partikularrecht überlassen; es steht vom Recht her nichts entgegen, daß bisher bewährte und gewohnt gewordene Bezeichnungen auch künftig beibehalten werden (z. B. Pfarrprovisor, Vicarius substitutus usw.).

Anmerkung:

Die Österreichische Bischofskonferenz hat folgende Bezeichnungen festgelegt: Administrator (für Vertreter eines amtsbehinderten Pfarrers), Provisor (für den interimistischen Leiter einer vorübergehend vakanten Pfarrei), Substitut (für Vertreter eines Pfarrers im Urlaub oder während einer Krankheit) (ÖBK vom 7. bis 10. November 1983).

VIII. Pfarrvikare

(Diesen Ausdruck verwendet der Codex für die Seelsorger, die bei uns gewöhnlich als „Kapläne“ oder „Kooperatoren“ bezeichnet werden)

1. *Allgemeines*

Soweit es die seelsorglichen Aufgaben einer Pfarrgemeinde erfordern, können einem Pfarrer ein oder mehrere Priester als Pfarrvikare beigegeben werden, die den Pfarrer als Mitarbeiter („parochi cooperatores“) unterstützen und ihm mit Rat und Tat im Seelsorgsdienst zur Seite stehen (c. 545 § 1). Solche Pfarrvikare können entweder für den gesamten Seelsorgsbereich der Pfarrei bestellt werden oder aber auch nur für bestimmte Teilbereiche oder Gruppen von Gläubigen. Es kann auch sein, daß einem Pfarrvikar ganz bestimmte Seelsorgsaufgaben in einer Pfarrei oder in mehreren Pfarreien zugleich übertragen werden (c. 545 § 2).

2. *Idoneität – Bestellung – Abberufung*

a) Pfarrvikar kann nur ein Priester sein (c. 546).

b) Grundsätzlich ist der Diözesanbischof bei der Bestellung von Pfarrvikaren frei. Er kann dabei jedoch den betreffenden Pfarrer und Dechant anhören (c. 547).

c) Ein Pfarrvikar kann jederzeit aus einem gerechten Grund vom Diözesanbischof abberufen oder versetzt werden (c. 552).

3. *Rechte und Pflichten*

a) Der Pfarrvikar ist gemäß dem Wortlaut seines Bestellungsdekretes an bestimmte Rechte und Pflichten sowie Aufgabenbereiche gebunden. Auf Grund seines Amtes ist er im gesamten pfarrlichen Seelsorgsdienst an den Pfarrer weisungsgebunden.
Pfarrvikar und Pfarrer sind gehalten, gemeinsam und

einmütig, mit vereinten Kräften, der Seelsorge der Pfarrei zu dienen (c. 548).

b) Normalerweise muß der Pfarrvikar in der Pfarrei, für die er bestellt ist, auch wohnen und sich dort aufhalten (Residenzpflicht); aus einem gerechten Grund kann der Ortsoberhirt etwas anderes gestatten (c. 550).

c) Der Ortsordinarius soll auf jeden Fall Sorge tragen, daß nach Möglichkeit zwischen Pfarrer und Pfarrvikaren im Pfarrhof gutes Einvernehmen herrscht und ein gemeinsames Leben gepflogen wird (Wohn- und Tischgemeinschaft). (Mit diesem c. 550 § 2 wird besonders unterstrichen, was in c. 280 allgemein bezüglich der vita communis der Kleriker empfohlen wird.)

d) Hinsichtlich Urlaub und Freizeit erfreut sich der Pfarrvikar der gleichen Rechte wie der Pfarrer (c. 550 § 3).

e) Werden einem Pfarrvikar von den Gläubigen irgendwelche Gaben und Spenden gereicht, muß er sie an das Pfarrvermögen abliefern, es sei denn, daß der Geberwille ausdrücklich etwas anderes bestimmt hat (c. 551; vgl. c. 531).

IX. Dekanat und Dechant

Die Zusammenfassung mehrerer Pfarreien zu Dekanaten regelt der Codex nur ganz allgemein. Die cc. 553–555 stellen ein Rahmenrecht dar, das für partikularrechtliche Ordnung großen Spielraum läßt.

1. Zwecks Förderung der Seelsorge werden mehrere Pfarreien zu einem sogenannten Dekanat zusammengefaßt. Jedem Dekanat steht ein Dechant vor.
   Dieser wird entweder vom Diözesanbischof frei ernannt oder wenn es partikularrechtlich vorgesehen ist, von den Geistlichen, die in den zum Dekanat gehörenden Pfarreien Seelsorgsaufgaben erfüllen, gewählt werden; üblicherweise gibt

es in vielen Diözesen ein sogenanntes Dekanestatut, in welchem die Bestellung der Dechanten näher geregelt wird.

2. Dechanten werden auf Zeit bestellt und müssen außer den vom Diözesanbischof festgelegten Pflichten und Rechten auch folgende Aufgaben wahrnehmen:

   a) Förderung und Koordinierung der Seelsorge im gesamten Dekanat.

   b) Sorge um die Geistlichen, daß sie ein ihrem Stande entsprechendes Leben führen und ihre Pflichten gewissenhaft erfüllen.

   c) Sorge um die Liturgie, um das Gotteshaus und den Pfarrhof, insbesondere daß die Vorschriften hinsichtlich der Eucharistiefeier und Wort-Gottes-Verkündigung sowie der Sakramentenspendung eingehalten, die Pfarrbücher (Matriken) ordentlich geführt und aufbewahrt, die kirchlichen Güter sorgfältig verwaltet und die Pfarrhöfe sauber gehalten und gepflegt werden.

   d) Sorge um die Teilnahme der Geistlichen an Fortbildungsveranstaltungen, geistlichen Übungen, theologischen Zusammenkünften und Pastoralkonferenzen.

   e) Allgemeine Sorge um die Priester, daß sie der geistlichen Hilfsmittel nicht entbehren müssen; besonders muß sich der Dechant um jene kümmern, die sich in schwierigen Situationen befinden oder durch Probleme belastet sind.

   f) Besondere Sorge um die kranken Mitbrüder, daß sie der geistlichen und materiellen Hilfen zuteil werden, die sie brauchen.

   g) Sorge um ein würdiges Priesterbegräbnis.

   h) Vorsorge bei erkrankten oder verstorbenen Geistlichen, daß Bücher, Dokumente, heilige Geräte und sonstige der Kirche zugehörende Güter nicht verlorengehen oder weggebracht werden.

   i) Visitation der Pfarreien nach der vom Diözesanbischof gegebenen Weisung.

X. Kirchenrektor

1. *Begriff*

Man bezeichnet jene Priester als Kirchenrektoren, denen die Sorge für eine Kirche übertragen ist, welche weder Pfarr- noch Kapitelkirche ist und auch nicht einer Niederlassung eines Institutes des geweihten Lebens angehört (c. 556).

2. *Bestellung und Abberufung*

a) Der Kirchenrektor wird vom Diözesanbischof frei ernannt. Wenn irgendwo Wahl- oder Präsentationsrechte bestehen, kommt auf jeden Fall dem Diözesanbischof das Recht der Bestätigung oder Amtseinsetzung zu (c. 557 § 1). Dieses Recht der Amtseinsetzung von präsentierten Geistlichen hat der Diözesanbischof auch bei Kirchen, die einem Klerikerinstitut päpstlichen Rechtes zugehören (c. 557 § 2).
Der Rektor eines Seminars oder Kollegs ist üblicherweise auch zugleich Rektor der dazugehörenden Kirche, es sei denn, daß der Diözesanbischof etwas anderes bestimmt (c. 557 § 3).

b) Der Diözesanbischof kann einen Kirchenrektor, auch wenn dieser von anderen gewählt oder präsentiert worden ist, bei Vorliegen eines gerechten Grundes abberufen. Bei Ordenspriestern muß die Bestimmung von c. 682 § 2 beachtet werden (c. 563).

3. *Aufgaben*

a) Ein Kirchenrektor hat vornehmlich gottesdienstliche Aufgaben zu erfüllen. Soweit es sich um pfarrliche Funktionen handelt (vgl. c. 530 nn. 1–6), bedarf der Kirchenrektor der Zustimmung oder Delegation des Pfarrers.

b) Der Ortsordinarius kann einem Kirchenrektor bestimmte Funktionen und Aufgaben, auch pfarrlicher Natur, übertragen; auch kann der Ordinarius verlangen, daß der Kirchenrektor die Kirche zur Abhaltung bestimmter gottesdienstlicher Feiern zugänglich macht (c. 560).

c) Ohne Erlaubnis des Kirchenrektors oder eines anderen rechtmäßigen Vorgesetzten darf niemand in der Kirche Eucharistie feiern, die Sakramente spenden oder andere geistliche Funktionen vornehmen; die Erlaubnis ist nach Maßgabe des Rechtes zu gewähren oder zu versagen (c. 561).

d) Der Kirchenrektor ist verantwortlich für die würdige Abhaltung der Gottesdienste, für die Erfüllung von Stiftungsverbindlichkeiten, für die sorgfältige Verwaltung des Kirchenvermögens, für die Instandhaltung des Gotteshauses, seiner Gerätschaften, Ausschmückung und Sauberhaltung.
Er muß dafür Sorge tragen, daß in der Kirche nichts geschieht, was der Heiligkeit des Ortes und der dem Gotteshaus geschuldeten Ehrfurcht abträglich ist (c. 562).

XI. Heilige Orte

(Liber IV, De Ecclesiae munere sanctificandi, Pars III, Titulus I, cc. 1205–1243)

1. *Allgemeines*

a) Heilige Orte sind Stätten, welche durch „dedicatio" (= Weihung mit Ölsalbung) oder durch „benedictio" gemäß den Vorschriften der liturgischen Bücher für den Gottesdienst oder das Begräbnis der Gläubigen bestimmt sind (c. 1205).

b) Grundsätzlich ist Dedikation Sache des Diözesanbischofs; Benediktion ist Sache des Ordinarius, die Benediktion von Kirchen jedoch Sache des Diözesanbischofs (c. 1206f.).

c) Über die durchgeführte Dedikation oder Benediktion einer Kirche, ebenso auch über die Benediktion eines Friedhofes, muß eine Urkunde in zwei Ausfertigungen ausgestellt werden. Eine Urkunde muß in der bischöflichen Kurie, die andere im Archiv der betreffenden Kirche (Pfarrarchiv) aufbewahrt werden (c. 1208).

d) An einer heiligen Stätte darf nur das gestattet werden, was der Abhaltung und Förderung des Gottesdienstes, der Übung der Frömmigkeit und der Religion dient; es ist alles verboten, was der Heiligkeit des Ortes abträglich ist. Der Ordinarius kann jedoch fallweise die Erlaubnis geben, daß eine heilige Stätte auch für andere Zwecke, die jedoch der Heiligkeit des Ortes nicht entgegengesetzt sein dürfen, verwendet werden darf (c. 1210).

e) Werden an einer heiligen Stätte Handlungen begangen, welche ein schweres Unrecht und ein großes Ärgernis für die Gläubigen bedeuten und nach dem Urteil des Ordinarius so schwer gegen die Heiligkeit des Ortes verstoßen, daß sich eine Gottesdienstfeier nicht mehr ziemt und schickt, bis das Unrecht durch einen Bußritus nach der Vorschrift der liturgischen Bücher gesühnt ist, spricht man von „Schändung" (c. 1211). Schändung bringt also die Sperre einer heiligen Stätte für gottesdienstliche Handlungen mit sich, bis eine Entsühnung durchgeführt worden ist.

f) Dedikation oder Benediktion heiliger Orte können auch verlorengehen; z. B. wenn die heilige Stätte großteils zerstört worden ist oder für dauernd dem profanen Gebrauch zugeführt wird (c. 1212).

2. *Kirchen*

a) Unter Kirche versteht man ein für den Gottesdienst bestimmtes Gebäude, zu dem die Gläubigen Zutritt haben, um den amtlichen Gottesdienst der Kirche auszuüben (c. 1214).

b) Eine Kirche darf nur mit ausdrücklicher schriftlicher Zustimmung des Diözesanbischofs errichtet werden (c. 1215 § 1).

c) Beim Neubau oder bei der Renovierung von Kirchen müssen die Vorschriften und Normen der Liturgie und Sakralkunst beachtet werden (c. 1216).

d) Nach ordnungsgemäßer Vollendung des Bauwerkes muß eine neue Kirche sobald als möglich geweiht (dediziert) oder wenigstens benediziert werden, und zwar unter Einhaltung der liturgischen Gesetze (c. 1217 § 1).
Kathedralen und Pfarrkirchen müssen durch feierliche Dedikation eingeweiht werden (c. 1217 § 2).
Jede Kirche muß einen eigenen Titel haben; dieser Titel kann nach erfolgter Dedikation nicht mehr geändert werden (c. 1218).

e) In einer rechtmäßig geweihten Kirche (dedicata vel benedicta) können alle gottesdienstlichen Handlungen vorgenommen werden, wobei selbstverständlich die Pfarrrechte zu beachten sind (c. 1219).

f) Alle für ein Gotteshaus Zuständigen müssen ihre Sorgepflicht für Sauberkeit und geziemenden Schmuck getreulich erfüllen; diese Sorgepflicht gilt auch für die Erhaltung eines Gotteshauses sowie in bezug auf geeignete Sicherheitsvorkehrungen zum Schutze der sakralen und wertvollen Gegenstände.

g) Der Zutritt zu einer Kirche muß während der Gottesdienstzeiten frei und unentgeltlich sein (c. 1221).

h) Kann eine Kirche für den Gottesdienst nicht mehr benützt werden oder ist eine Wiederherstellung unmöglich, oder raten andere schwerwiegende Gründe dazu an, die Kirche nicht mehr für den Gottesdienst zu benützen, dann kann der Ortsordinarius die Kirche für profan erklären.
Eine solche Maßnahme darf jedoch der Seelsorge nicht zum Schaden werden (c. 1222).
Mit der Profanerklärung verliert die Kirche den kanonischen Charakter als „locus sacer".

3. *Oratorien*

a) Unter einem „Oratorium" versteht man eine mit Erlaubnis des Ordinarius dem Gottesdienst gewidmete Stätte für eine bestimmte Gemeinschaft oder Gruppe von Gläubigen; mit Zustimmung des zuständigen Oberen der betreffenden Gemeinschaft können auch andere Gläubige am Gottesdienst teilnehmen (c. 1223).

b) Der Ordinarius darf die Erlaubnis zur Errichtung eines Oratoriums nur dann geben, wenn er persönlich oder durch einen anderen den dazu bestimmten Ort visitiert und für geeignet befunden hat (c. 1224 § 1). Ist die Erlaubnis zur Errichtung eines Oratoriums erteilt worden, darf dieses Oratorium ohne Zustimmung des Ordinarius nicht mehr zu profanen Zwecken verwendet werden (c. 1224 § 2).

c) In rechtmäßig errichteten Oratorien können alle Gottesdienste abgehalten werden, soweit nicht ganz bestimmte durch das allgemeine Recht oder durch Vorschrift des Ordinarius ausgenommen sind; es kann auch sein, daß allgemeine liturgische Vorschriften entgegenstehen.

d) Oratorien sollen gemäß den liturgischen Büchern benediziert werden; sie sollen dem Gottesdienst vorbehalten und von anderer häuslicher Verwendung freigehalten sein (c. 1229).

4. *Privatkapellen (sacella)*

Ein „Privatsacellum“ ist eine mit Erlaubnis des Ortsoberhirten dem Gottesdienst gewidmete Stätte, die einer einzelnen oder mehreren physischen Personen zur Pflege des religiösen Lebens dient (c. 1226). An und für sich können sich nur die Bischöfe solche „sacella privata“ errichten, wobei die gleiche Rechtsordnung zu beachten ist, die auch für die Oratorien gilt (c. 1227).

5. *Heiligtümer (sanctuaria)*

a) Unter Heiligtümern versteht man Kirchen oder andere heilige Orte, welche aus besonderen Gründen mit Approbation der zuständigen kirchlichen Autorität fromme Verehrung und großen Zustrom von Gläubigen genießen (c. 1230).

b) Man unterscheidet nationale und internationale Heiligtümer (c. 1231). Die nationalen Heiligtümer bedürfen der Approbation durch die Bischofskonferenz; internationale Heiligtümer müssen vom Apostolischen Stuhl als solche approbiert sein.

c) Bei diözesanen Heiligtümern müssen die Statuten vom Ortsordinarius approbiert sein; bei nationalen von der Bischofskonferenz und bei internationalen vom Apostolischen Stuhl (c. 1232).
Diese Statuten müssen vor allem Sinn und Zweck dieses Heiligtums erläutern, aber auch die Rechte und Pflichten des Rektors umschreiben und Richtlinien für die Güterverwaltung bieten (c. 1232 § 2).

d) Soweit es die örtlichen Gegebenheiten, der Zustrom der Pilger und insbesondere das Wohl der Gläubigen angeraten erscheinen lassen, können solche Heiligtümer auch Privilegien bekommen (z. B. Exemtion) (c. 1233).

e) In den Heiligtümern müssen für die Gläubigen die Dienste des Heiles reichlich gewährt werden; d. h. es muß dort das Wort Gottes mit Eifer verkündet, das liturgische und sakramentale Leben, insbesondere durch Feier der Eucharistie und Spendung des Bußsakramentes, in geeigneter Weise gefördert werden; bewährte Formen der Volksfrömmigkeit sind besonders zu pflegen. Weihegaben der Volkskunst und Dokumente der Frömmigkeit müssen in den Heiligtümern und den dazugehörigen Stätten sichtbar und sicher aufbewahrt werden (c. 1234 §§ 1+2).

6. *Altäre*

a) Begriffliches und Unterscheidungen
Unter Altar versteht man einen Tisch, auf welchem das eucharistische Opfer dargebracht wird (c. 1235 § 1).
Es muß zwischen festen und beweglichen Altären unterschieden werden.
In jeder Kirche muß es einen feststehenden Altar geben; an den übrigen heiligen Stätten kann es entweder feste oder bewegliche Altäre geben.

b) Material
Entsprechend der kirchlichen Überlieferung muß die Altarplatte aus Stein sein, und zwar aus einem einzigen Naturstein. Es können jedoch auch nach dem Ermessen der Bischofskonferenz andere feste und würdige Materialien verwendet werden (c. 1236).

c) Weihe
Feste Altäre müssen „dediziert" werden; bewegliche Altäre können entweder „dediziert" oder „benediziert" werden. Bei der Altarweihe sind die in den liturgischen Büchern vorgesehenen Riten einzuhalten (c. 1237 § 1). Nach uralter Tradition müssen bei festen Altären Reliquien von Märtyrern oder anderen Heiligen untergebracht werden (c. 1237 § 2).
Feste und bewegliche Altäre dienen ausschließlich gottesdienstlichen Zwecken.
Unter einem Altar darf kein Leichnam bestattet werden; eine Zelebration der Messe wäre dann verboten (c. 1239).

7. *Friedhöfe*

Pfarreien und Ordensgemeinschaften können eigene Friedhöfe haben (c. 1241).
Das kirchliche Recht geht davon aus, daß Christgläubige grundsätzlich auf eigenen kirchlichen Friedhöfen oder wenigstens in für die Beerdigung von Christgläubigen bestimmten Friedhöfen oder anderen geweihten Grabanlagen bestattet werden.
Im Sonderfall ist jedes Grab für sich anläßlich der Begräbnisfeier zu benedizieren.
Bezüglich der Friedhöfe und des Leichen- und Bestattungswesens ist das jeweilige Partikularrecht zu beachten; vor allem muß auch auf zivilrechtliche Regelungen Bedacht genommen werden.

XII. Heilige Zeiten

(Liber IV, De Ecclesiae munere sanctificandi, Pars III, Titulus II, cc. 1244–1253)

1. *Allgemeines*

   a) Allein die höchste kirchliche Autorität ist zuständig, für die gesamte Kirche Fest- und Bußtage festzulegen, abzuschaffen oder zu verlegen (c. 1244 § 1).
   Der Diözesanbischof kann für seine Teilkirche eigene Fest- und Bußtage einführen (c. 1244 § 2).

   b) Dispensen
   Unbeschadet des Dispensrechtes des Diözesanbischofs kann jeder Pfarrer aus einem gerechten Grund gemäß den Vorschriften des Diözesanbischofs von der Sonn- und Feiertagspflicht und von der Einhaltung eines Bußtages dispensieren oder für die Bußtage die vom Recht statuierten Verpflichtungen in andere gute Werke umwandeln (c. 1245).

2. *Sonn- und Feiertage*

   Am Sonntag, dem Tag des Herrn, feiert die Kirche gemäß apostolischer Überlieferung, die auf den Auferstehungstag Christi zurückgeht, das österliche Heilsereignis (Pascha-Mysterium).
   Außer dem Sonntag sind folgende Festtage als gebotene Feiertage für die ganze Kirche bestimmt:
   Weihnachten (25. Dezember), Fest der Gottesmutter Maria (1. Jänner), Erscheinung des Herrn (6. Jänner), Christi Himmelfahrt, Fronleichnam, Unbefleckte Empfängnis Mariens (8. Dezember), Aufnahme Mariens in den Himmel (15. August), Fest des hl. Josef (19. März), Peter und Paul (29. Juni), Allerheiligen (1. November).
   Diese Tage gelten in Österreich auch nach dem staatlichen Feiertagsgesetz als allgemeine Feiertage (mit Ausnahme des 19. März und 29. Juni).
   Artikel IX des österreichischen Konkordates von 1933/34

enthält ebenfalls diese Liste der vom Staat anerkannten kirchlichen Feiertage.
Jeder katholische Christ ist durch Kirchengebot verpflichtet, an Sonn- und Feiertagen die Eucharistie mitzufeiern und sich knechtlicher Arbeit zu enthalten, d. h. sich jener Beschäftigungen zu enthalten, welche die Gottesverehrung beeinträchtigen, die Feiertagsfreude stören bzw. mindern und eine entsprechende Erholung behindern.
Für Diözesen, in denen auf Grund von Priestermangel in vielen Pfarreien keine regelmäßige Sonn- und Feiertagseucharistie möglich ist, sollen die Gläubigen wenigstens an einem Wortgottesdienst teilnehmen oder, wenn auch dies nicht möglich ist, sich zumindest in der Familie bzw. in Familiengemeinschaften zum Gebet versammeln (cc. 1246–1248).

3. *Bußtage*

a) Alle Christgläubigen sind kraft göttlicher Anordnung zur Buße verpflichtet. Deshalb sind bestimmte Bußzeiten und Bußtage vorgeschrieben, an denen sich die Christgläubigen in besonderer Weise dem Gebet hingeben und zu Werken der Frömmigkeit und Nächstenliebe verpflichten; dazu gehört vor allem auch die besonders treue Erfüllung der eigenen Christenpflichten und das Fasten entsprechend den kirchlichen Anweisungen (c. 1249).

b) Für die Gesamtkirche gelten alle Freitage und die Fastenzeit als verpflichtende Bußtage bzw. Bußzeiten (c. 1250). Am Aschermittwoch und Karfreitag sind alle Katholiken, die das 14. Lebensjahr vollendet haben, zur Enthaltung von Fleischspeisen verpflichtet.
Zum allgemeinen Fasten sind alle Gläubigen vom vollendeten 18. Lebensjahr bis zum Beginn des 60. Lebensjahres verpflichtet (c. 1252).

c) Eltern und Seelsorger sind zu einer entsprechenden Erziehung der Kinder und Jugendlichen im christlichen Bußgeist aufgerufen und verpflichtet (c. 1252).

d) Aufgabe der Bischofskonferenz ist es, eine nähere Regelung des Fast- und Abstinenzwesens zu treffen (c. 1253).

XIII. Verfahren der Absetzung und Versetzung von Pfarrern

(Liber VII, De processibus, Pars V, Sectio II, De procedura in parochis amovendis vel transferendis, cc. 1740–1752)

Vorbemerkung

Die cc. 1740–1752 des neuen kirchlichen Gesetzbuches normieren die Vorgangsweise der Absetzung und Versetzung von Pfarrern auf neue Weise. Schon das Zweite Vatikanische Konzil hatte in seinem Dekret „Christus Dominus“ über die Hirtenaufgabe der Bischöfe für die Amtsenthebung und Versetzung der Pfarrer eine Neuregelung angeordnet (Art. 31 Abs. 3). Das MP „Ecclesiae Sanctae“ hat diesbezüglich Ausführungsbestimmungen erlassen, wonach der bisher bestehende Unterschied zwischen inamoviblen und amoviblen Pfarrern aufgehoben ist. Die vom CIC/1917 vorgesehene Verfahrensweise bei der Amtsenthebung (amotio) und Versetzung (translatio) sollte überprüft und vereinfacht werden.

A. Absetzung eines Pfarrers (Amotio)

Wenn die Dienstausübung eines Pfarrers aus irgendeinem Grund, auch ohne daß den Pfarrer selbst eine schwere Schuld trifft, schädlich oder wenigstens unwirksam wird, kann er vom Diözesanbischof von der Pfarrei entfernt werden, d. h. seines Pfarreramtes enthoben werden (c. 1740).

1. *Gründe für eine Absetzung (c. 1741)*

Ohne Anspruch auf eine erschöpfende Aufzählung legt der Gesetzgeber in c. 1741 jene wichtigsten Gründe vor, welche für die Amtsenthebung eines Pfarrers zum Tragen kommen können (daß diese Aufzählung nicht erschöpfend ist, geht aus dem „praesertim“ hervor).

a) Eine Handlungsweise, welche der kirchlichen Gemeinschaft einen schweren Schaden oder schwere Verwirrung zufügt.

b) Unbeholfenheit oder dauernde körperliche oder geistige Krankheit, welche einen Pfarrer unfähig macht, seinen Amtspflichten nutzbringend und erfolgreich nachzukommen.

c) Verlust des guten Rufes und der Wertschätzung bei rechtschaffenen und maßgeblichen Pfarrangehörigen; oder auch Abneigung gegenüber dem Pfarrer, wenn vorauszusehen ist, daß sich diese nicht sehr bald legen oder bessern wird.

d) Schwere Vernachlässigung oder Verletzung der pfarrlichen Amtspflichten, wobei diese Vernachlässigung und Verletzung trotz erfolgter Mahnung weiterbesteht.

e) Schlechte Vermögensverwaltung, wobei schwerer Schaden für die Kirche entstanden ist, so daß diesem Mißstand nicht auf andere Weise abgeholfen werden kann.

2. *Eigentliches Verfahren*

a) Wenn die durchgeführte Untersuchung zum Ergebnis gelangt ist, daß ein Grund gemäß c. 1740 vorliegt, muß der Bischof diese Angelegenheiten zusammen mit zwei Pfarrern erörtern; diese zwei Pfarrer müssen jenem Gremium entnommen sein, das vom Priesterrat eben zu diesem Zweck der Verhandlung bei Pfarrerabsetzungen auf Vorschlag des Diözesanbischofs ausgewählt ist (c. 1742).
Wenn der Diözesanbischof glaubt, daß er auf Grund der vorliegenden Gründe zur Amtsenthebung schreiten müsse, muß er dem betreffenden Pfarrer in väterlicher Weise anraten, innerhalb von 15 Tagen auf sein Amt zu verzichten (c. 1742 § 1).

b) Anders ist dies bei Pfarrern, welche einer Ordensgemeinschaft oder einer Gesellschaft des apostolischen Lebens angehören. In diesem Fall ist die Vorschrift von c. 682 § 2 zu beachten, nämlich daß der betroffene Pfarrer ad nutum episcopi abgesetzt werden kann; es unterbleibt also ein Verfahren mit Angabe von Gründen; der Bischof muß allerdings eine Mitteilung an den Oberen machen.

c) Der Verzicht kann vom Pfarrer entweder „pure et simpliciter“ gemacht werden oder auch unter einer Bedingung. Es muß sich jedoch um eine Bedingung handeln, die der Bischof überhaupt annehmen kann; bzw. es kommt darauf an, ob der Bischof diese Bedingung tatsächlich annimmt (c. 1743).

d) Antwortet der Pfarrer innerhalb der festgesetzten Frist nicht, muß der Bischof seine Einladung an den Pfarrer, auf das Amt zu verzichten, wiederholen; wobei die Frist für die Antwort zu verlängern ist (c. 1744 § 1).

3. *Amotionsdekret*

Steht fest, daß der Pfarrer die zweite Einladung, auf sein Amt zu verzichten, erhalten hat und er ohne Vorliegen eines Hinderungsgrundes wiederum nicht geantwortet hat, oder wenn er einen Verzicht ohne Angabe von Gründen ablehnt, muß der Bischof das Amotionsdekret erlassen (c. 1744 § 2). Stellt sich der Pfarrer gegen die angeführte Sache und stellt er sich auch gegen die Begründung, und erscheinen dem Bischof die vom Pfarrer angeführten Gründe als unzureichend, muß der Bischof im Hinblick auf eine gültige Vorgangsweise folgendes beachten:

a) Er muß den Pfarrer einladen, die Akten zu prüfen und seine Gegengründe schriftlich vorzulegen und, so er welche hat, entsprechende Beweismittel vorzutragen (c. 1745 n. 1).

b) Er muß daraufhin nach einer allenfalls notwendigen Ergänzung der Untersuchung zusammen mit den beiden genannten Pfarrern die Sache weiter überlegen; wenn die ursprünglich beigezogenen Pfarrer diese Aufgabe nicht erfüllen können, sind andere hierfür zu benennen (c. 1745 n. 2).

c) Er muß schließlich entscheiden, ob der Pfarrer von seinem Amt enthoben wird oder nicht; möglichst umgehend muß er darüber ein Dekret erlassen (c. 1745 n. 3).

4. *Folgen der Absetzung*

a) Nach einer Absetzung eines Pfarrers muß der Bischof sich darum kümmern, daß der betroffene Geistliche entweder ein anderes Amt übertragen bekommt, sofern er dazu geeignet ist, oder der Bischof muß ihm eine Pension gewähren, je nachdem der Fall gelegen ist und die Umstände dies gestatten (c. 1746).

b) Der abgesetzte Pfarrer muß sich der Ausübung des Pfarreramtes enthalten; er muß sobald wie möglich seinen Pfarrhof verlassen; schließlich muß er alles, was zur Pfarrei gehört, demjenigen übergeben, dem der Bischof die Pfarre übertragen hat (c. 1747 § 1).

c) Handelt es sich bei dem abgesetzten Pfarrer um einen kranken Geistlichen, der nicht ohne Schwierigkeiten aus dem Pfarrhof anderswohin gebracht werden kann, muß der Bischof ihm gegebenenfalls auch die Benützung des Pfarrhofes überlassen, solange dies notwendig ist (c. 1747 § 2).

d) Der abgesetzte Pfarrer hat das Recht, Rekurs gegen das Amotionsdekret einzulegen; solange das Rekursverfahren andauert, kann der Bischof keinen neuen Pfarrer ernennen. Es muß interimistisch durch einen Pfarradministrator vorgesorgt werden (c. 1747 § 3).

B. Versetzung eines Pfarrers (Translatio)

1. Wenn das Seelenheil oder die Notwendigkeit bzw. der Nutzen der Kirche es verlangen, daß ein Pfarrer von seiner Pfarrei, die er in guter Weise und erfolgreich leitet, in eine andere Pfarrei oder auf ein anderes Amt versetzt wird, muß ihm der Bischof schriftlich die Versetzung mitteilen und ihm anraten, um der Liebe zu Gott und des Heiles der Seelen willen damit einverstanden zu sein (c. 1748).

2. Beabsichtigt der Pfarrer, dem Ratschlag und den Überzeugungsversuchen des Bischofs nicht zu folgen, muß er dies dem Bischof schriftlich begründen (c. 1749). Meint der Bischof, daß er trotz der angeführten Gründe von seinem Vorhaben nicht Abstand nehmen könne, muß er mit zwei gemäß c. 1742 ausgewählten Pfarrern alle Gründe prüfen, welche für und gegen die Versetzung sprechen; wenn er auch dann noch glaubt, daß er den betreffenden Pfarrer versetzen muß, hat er seine väterlichen Ermahnungen gegenüber dem Pfarrer zu wiederholen (c. 1750).

3. Weigert sich der Pfarrer trotzdem weiterhin, und meint der Bischof, daß die Versetzung unbedingt durchgeführt werden muß, muß er das Versetzungsdekret erlassen, in welchem er bestimmt, daß die Pfarrei nach Ablauf einer genau festgelegten Frist vakant sein wird (c. 1751 § 1). Ist diese Frist ungenützt verstrichen, muß der Bischof die Pfarrei für vakant erklären (c. 1751 § 2).

4. Auch für die Versetzung gilt, was für die Absetzung vorgeschrieben ist: Der betroffene Pfarrer muß sich der Pfarrgeschäfte enthalten, das Pfarrhaus räumen und verlassen; während des Rekurses ist eine Neubesetzung nicht möglich. Wichtig ist, daß bei Versetzungen die kanonische Billigkeit gewahrt wird; vor allem müssen der Bischof und alle am Verfahren Beteiligten das Heil der Seelen vor Augen haben, das in der Kirche immer oberstes Gesetz sein muß (c. 1752).

II. ABSCHNITT

VERKÜNDIGUNG DES WORTES GOTTES UND FEIER DER SAKRAMENTE

Von Gerhard Fahrnberger

DIE VERANTWORTUNG DES PFARRERS FÜR DIE VERKÜNDIGUNG DES WORTES GOTTES NACH DEM NEUEN KANONISCHEN RECHT

(Liber III De Ecclesiae munere docendi, Titulus I De divini verbi ministerio, cc. 756–780)

I. Einleitende Bestimmungen (cc. 756–761)

Die einleitenden Bestimmungen nennen die verantwortlichen Träger des Dienstes am Worte Gottes in Gesamtkirche und in den Teilkirchen (cc. 756–759), das Ziel jeder Verkündigung (c. 760) sowie die wichtigsten Mittel (vorrangig Predigt und katechetische Unterweisung, c. 761).

1. *Der Pfarrer steht bei der Wortverkündigung in der kirchlichen Gemeinschaft* (c. 756)

   Die Aufgabe, das Evangelium in der gesamten Kirche zu verkünden, ist vor allem dem Papst und dem Bischofskollegium übertragen (c. 756 § 1). Die Bischöfe teilen die Verantwortung für die Wortverkündigung in der Gesamtkirche mit dem Papst (anders noch c. 1327 CIC/1917). In den Teilkirchen üben diese Aufgabe die einzelnen Bischöfe aus, und zwar als Leiter des gesamten Dienstes am Wort. Manchmal üben sie diese Aufgabe auch gemeinsam in bezug auf mehrere Teilkirchen aus, nach den gesetzlichen Normen (c. 756 § 2).

2. *Die besondere Verantwortung des Pfarrers und aller Seelsorger (c. 757)*

Die Verkündigung des Evangeliums Gottes ist eine den Priestern als Mitarbeitern der Bischöfe persönlich zukommende Aufgabe. Die Pfarrer und die übrigen Seelsorger sind gegenüber den ihnen anvertrauten Gläubigen in besonderer Weise dazu verpflichtet (c. 757).

3. *Die Mitarbeiter des Pfarrers*

Es ist auch Aufgabe der Diakone, in Gemeinschaft mit dem Bischof und seinem Presbyterium beim Dienst am Wort dem Volke Gottes zu dienen (c. 757). Im Gegensatz zu den Laien dürfen Diakone außer den Priestern auch die Homilie halten (c. 766, c. 767 § 1).
Da die Angehörigen der Institute des geweihten Lebens kraft ihrer Weihe an Gott in besonderer Weise Zeugnis für das Evangelium ablegen, kann sie der Bischof zur Hilfe bei der Verkündigung des Evangeliums verpflichten (c. 758).
Kraft Taufe und Firmung sind auch die christgläubigen Laien durch Wort und Beispiel eines gläubigen Lebens Zeugen der evangelischen Botschaft; sie können daher zur Zusammenarbeit in der Ausübung des Dienstes am Wort mit Bischof und Priestern berufen werden (c. 759).

4. *Quellen, Inhalt und Mittel der Wortverkündigung (cc. 760 + 761)*

Die Quellen für die Verkündigung des Gotteswortes sind Heilige Schrift, Überlieferung, Liturgie, Leben und Lehramt der Kirche; auf sie hat sich der Dienst am Wort zu stützen. Sein Ziel ist, das Mysterium Christi vollständig und treu darzulegen (c. 760).
Als vorrangige Mittel für die Verkündigung der christlichen Lehre gelten Predigt (cc. 762–772) und katechetische Unterweisung (cc. 773–780). Das Gesetzbuch bevorzugt die direkte mündliche Verkündigung. Weiters sind zu nennen die Vorlage der Lehre in Schulen, in Akademien, bei Versammlungen und durch öffentliche Erklärungen der zuständigen kirchlichen Autorität anläßlich bestimmter Ereignisse durch Druckschriften oder andere soziale Kommunikationsmittel (c. 761).

II. Die Verantwortung des Pfarrers für die Predigt

(Titulus I, Caput I De verbi Dei praedicatione, cc. 762–772)

1. *Amtspflicht der Seelsorger, Grundrecht der Gläubigen (c. 762)*

   Das kirchliche Gesetzbuch verpflichtet alle geweihten Amtsträger, den Predigtdienst hochzuschätzen, da die Verkündigung des Evangeliums an alle zu ihren wichtigsten Amtspflichten gehört. Da das Volk Gottes zuallererst durch das Wort Gottes geeint wird, hat es auch ein besonderes Recht darauf, dieses von den Priestern zu verlangen (c. 762).

2. *Ausdehnung der Predigtvollmacht (cc. 763–765)*

   a) Bischöfe haben das Recht, überall das Wort Gottes zu predigen, auch in Kirchen und Oratorien der Religioseninstitute päpstlichen Rechts. Im Einzelfall kann aber der Ortsbischof die Ausübung der Predigtvollmacht untersagen (c. 763).

   b) Priester und Diakone besitzen ebenfalls Predigtvollmacht für die gesamte Kirche, die sie mit der wenigstens angenommenen (präsumierten) Zustimmung des Kirchenrektors auch erlaubt ausüben. Der zuständige Ordinarius kann ihnen diese Vollmacht aber einschränken oder entziehen; das Partikularrecht kann eine ausdrückliche Erlaubnis zur Ausübung erfordern (c. 764).

   c) Vom Gesetz vorgeschriebene Erlaubnis (c. 765)
   Für Predigten vor Religiosen (Angehörigen von Orden und Kongregationen nach der früheren Terminologie) in deren eigenen Kirchen oder Oratorien verlangt das gesamtkirchliche Recht die Erlaubnis des nach dem Verbandsrecht zuständigen Oberen für die Predigten von Priestern und Diakonen (c. 765; c. 764).

Anmerkung:

Das neue Recht unterscheidet die Predigtvollmacht (facultas, früher häufig missio homiletica genannt) von der Erlaubnis zur Ausübung dieser Vollmacht (licentia; z. B. die Erlaubnis des Oberen für Predigten vor Ordensangehörigen in deren Kirchen, c. 765).

3. *Laienpredigt (Ausschluß der Homilie) (c. 766 bzw. 767 § 1)*

   Wenn es in bestimmten Situationen Notwendigkeit ist oder in Einzelfällen der Nutzen dazu rät, können Laien zum Predigen in Kirchen oder Oratorien (c. 1223) zugelassen werden. Die nähere Gesetzgebung darüber ist der Bischofskonferenz aufgetragen. Ausgeschlossen von der Laienpredigt ist jedoch die Homilie, die ein Teil der Liturgie selbst ist und dem Priester oder Diakon vorbehalten ist (c. 766 + 767 § 1).

4. *Vorschriften über die Homilie (c. 767)*

   a) Als Teil der Liturgie, der dem Priester oder dem Diakon vorbehalten ist, ragt die Homilie unter den anderen Formen der Predigt hervor. Ihr Inhalt ist die Darlegung der Glaubensgeheimnisse und der Normen für das christliche Leben aus dem heiligen Text im Laufe des liturgischen Jahres (c. 767 § 1).

   b) Die Homilie ist in allen Messen mit Volksbeteiligung an gebotenen Sonntagen und Feiertagen vorgeschrieben und darf nur aus schwerwiegendem Grund unterlassen werden (c. 767 § 2).

   c) Bei Wochentagsmessen, wenn genügend Volksbeteiligung vorhanden ist, vor allem während der Advent- und Fastenzeit oder anläßlich eines Festes oder eines Trauerfalles wird sie sehr empfohlen (c. 767 § 31).

   d) Dem Pfarrer oder dem Kirchenrektor obliegt die Sorge für die sorgfältige Einhaltung dieser Vorschriften (c. 767 § 4).

5. *Predigtthemen, Predigtstil, besondere Arten der Predigt, besondere Gruppen von Adressaten (cc. 768–771)*

a) Themen
Vorrangiges Predigtthema ist alles, was die Gläubigen zur Ehre Gottes und zum Heil der Menschen zu glauben und zu tun haben (c. 768 § 1), somit die Glaubenswahrheiten und die sittlichen Normen.
Außerdem sollen die Prediger den Gläubigen die Lehre des kirchlichen Lehramtes über die Würde und Freiheit der menschlichen Person, über Einheit und Stabilität der Familie und ihre Aufgaben, über die Verpflichtungen der Menschen in der Gesellschaft und über die rechte Ordnung der irdischen Wirklichkeiten nach Gottes Plan darlegen (c. 768 § 2).

b) Stil
Die Darlegung der christlichen Lehre soll den Lebensverhältnissen der Zuhörer und den Zeitumständen angepaßt sein (c. 769).

c) Besondere Predigtarten: Exerzitien, Volksmissionen
Die Pfarrer haben zu gewissen Zeiten, nach den Vorschriften des Diözesanbischofs, für die Abhaltung jener Predigten Sorge zu tragen, die geistliche Exerzitien und Volksmissionen genannt werden, oder für andere den Erfordernissen angepaßte Predigtformen (c. 770).

d) Besondere Gruppen von Adressaten
Die Seelsorger, vor allem Bischöfe und Pfarrer, sollen für die Verkündigung des Gotteswortes an jene Gläubigen Sorge tragen, die wegen ihrer Lebensverhältnisse von der allgemeinen und ordentlichen Seelsorge nur unzureichend erreicht werden oder der Seelsorge überhaupt entbehren (c. 771 § 1).
Ebenso sollen sie für das Ankommen der Botschaft des Evangeliums bei den Nichtglaubenden sorgen, die von der Seelsorge genauso erfaßt werden müssen wie die Gläubigen (c. 771 § 2).

6. *Gesetzgebungskompetenzen (c. 772)*

Für die Predigt sind darüber hinaus die vom Diözesanbi-

schof erlassenen zusätzlichen Normen zu beachten (c. 772 § 1).
Für Ansprachen über die christliche Lehre in Rundfunk und Fernsehen gelten die gesetzlichen Regelungen der Bischofskonferenz (c. 772 § 2).

III. Die Verantwortung des Pfarrers für die katechetische Unterweisung

(Titulus I, Caput II De catechetica institutione, cc. 773–780)

Vorbemerkung:

Die Bestimmungen über die katechetische Unterweisung (cc. 773–780) haben, dem gesamtkirchlichen Charakter des Gesetzbuches zufolge, nicht den bei uns durch partikulares Staatskirchenrecht möglichen Religionsunterricht in staatlichen Schulen vor Augen, sondern in erster Linie die pfarrliche („außerschulische") katechetische Unterweisung, was aus c. 761 über die Mittel der Wortverkündigung zu ersehen ist. Einige Normen sind inhaltlich freilich auch auf den schulischen Religionsunterricht anzuwenden, da er als Form der Verkündigung den im Gesetz ausgesprochenen Zielen der Katechese zu dienen hat.

1. *Verantwortung aller Kirchenglieder für Katechese und christliche Lebenserfahrung (cc. 773+774)*

   a) Hirtenpflicht (c. 773)
   Die katechetische Unterweisung ist persönliche und schwere Pflicht der Hirten, besonders der Seelsorger; durch die Unterweisung in der Lehre, aber auch durch die Erfahrung des christlichen Lebens soll der Glaube der Christen lebendig, ausdrücklich und fruchtbar werden in Werken (c. 773).
   Nach dem neuen Recht ist Verkündigung nur mit gleich-

zeitig angebotener christlicher Lebenspraxis und Lebenserfahrung sinnvoll.

b) Christenpflicht, vor allem Elternpflicht (c. 774)
Die Verantwortung für die Katechese tragen unter der Leitung der gesetzmäßigen kirchlichen Autorität alle Glieder der Kirche, jeder nach seinem Anteil (c. 774 § 1). Vor den übrigen Gläubigen sind die Eltern für die Erziehung der Kinder im Glauben und in der christlichen Lebenspraxis durch Wort und Beispiel verantwortlich; ebenso Elternstellvertreter und Paten (c. 774 § 2).

2. *Verantwortlichkeiten der Diözesanbischöfe und der Bischofskonferenz (c. 775)*

a) Die Diözesanbischöfe haben unter Beobachtung der vom Apostolischen Stuhl ergangenen Vorschriften Normen für die katechetische Unterweisung zu erlassen, für geeignete Hilfsmittel, gegebenenfalls auch für einen Katechismus, Sorge zu tragen sowie katechetische Aktivitäten zu fördern und zu koordinieren (c. 775 § 1).
b) Aufgabe der Bischofskonferenz ist erforderlichenfalls die Herausgabe eines Katechismus für das ganze Gebiet, der vom Apostolischen Stuhl vorher zu approbieren ist (c. 775 § 2).
Bei der Bischofskonferenz kann ein katechetisches Institut vorranging zur Hilfe für die einzelnen Diözesen errichtet werden (c. 775 § 3).

3. *Amtspflichten des Pfarrers (c. 776)*

Der Pfarrer ist kraft seines Amtes verpflichtet, die katechetische Unterweisung der Erwachsenen, Jugendlichen und Kinder zu besorgen. Zur Mitarbeit soll er dabei heranziehen die der Pfarre zugewiesenen Kleriker, die Mitglieder der Institute des geweihten Lebens und der Gesellschaften des apostolischen Lebens unter Berücksichtigung des Eigencharakters eines jeden Instituts sowie die Laien, besonders die Katechisten. Diese alle dürfen ihre bereitwillige Mitarbeit nicht verweigern, außer sie sind rechtmäßig gehindert. Die Eltern soll der Pfarrer in ihrer katechetischen Aufgabe in der Familie (vgl. c. 774 § 2) unterstützen und fördern (c. 776).

4. *Besondere Pflichten des Pfarrers (c. 777)*

In besonderer Weise soll der Pfarrer nach den vom Diözesanbischof erlassenen Normen Sorge tragen:

a) für eine geeignete Unterweisung in bezug auf die Feier der Sakramente;

b) für eine entsprechende Vorbereitung der Kinder auf die Erstbeichte und Erstkommunion sowie die Firmung durch katechetische Unterweisung eine entsprechende Zeit hindurch;

c) für eine umfangreichere und vertiefende Unterweisung der Kinder nach der Erstkommunion;

d) für eine katechetische Unterweisung auch der körperlich oder geistig Behinderten, soweit es ihr Zustand zuläßt;

e) für die Festigung, Vertiefung und Entfaltung des Glaubens der Jugendlichen und Erwachsenen (c. 777 nn. 1–5).

5. *Mittel der Katechese (c. 779)*

Bei der katechetischen Unterweisung sollen alle Mittel eingesetzt werden, alle didaktischen Hilfen und Kommunikationsmedien, die am geeignetsten erscheinen, den Gläubigen je nach Charakter, Fähigkeiten, Alter und Lebensumständen eine vollere Kenntnis der katholischen Lehre und eine geeignetere Verwirklichung der Lehre in einer christlichen Lebenspraxis zu vermitteln (c. 779).

6. *Verantwortung der Orden in ihren Werken (c. 778)*

Die Oberen der Orden und Kongregationen und der Gesellschaften des apostolischen Lebens müssen für die sorgfältige Erteilung der katechetischen Unterweisung in den Kirchen, Schulen und anderen Werken, die dem Institut anvertraut sind, Sorge tragen (c. 778).

7. *Katechistenausbildung (c. 780)*

Für die Ausbildung der Katechisten, für ihre ständige Fortbildung sowohl in der Kenntnis der kirchlichen Lehre als auch der Theorie und Praxis der Erziehungswissenschaften haben die Ortsordinarien zu sorgen (c. 780).

Anmerkung:

Zu den Fragen des Religionsunterrichtes, insbesondere über die in Österreich gegebene staatskirchenrechtliche Situation siehe H. SCHWENDENWEIN, Religion in der Schule, Rechtsgrundlagen. Graz 1980.

IV. Die Verantwortung des Pfarrers für die christliche Erziehung

(Titulus III De education catholica, einleitende Bestimmungen)

Die Seelsorger haben die Pflicht, alle Vorsorge zu treffen, daß alle Gläubigen eine katholische Erziehung erhalten können (c. 794 § 2). Diese Pflicht ergibt sich aus dem von Gott gegebenen Erziehungsauftrag der Kirche, die den Gläubigen zur Erlangung der Fülle des christlichen Lebens verhelfen muß (c. 794 § 1).

DIE VERANTWORTUNG DES PFARRERS FÜR DEN HEILIGUNGSDIENST DER KIRCHE, INSBESONDERE FÜR DIE FEIER DER SAKRAMENTE

(Liber IV De Ecclesiae munere sanctificandi, cc. 834–1253)

I. Einleitende Bestimmungen (cc. 834–839)

1. *Allgemeines zum Heiligungsauftrag*

Den Heiligungsauftrag erfüllt die Kirche in besonderer Weise durch die heilige Liturgie; diese ist Ausübung des priesterlichen Amtes Jesu Christi. In der Liturgie wird die Heiligung der Menschen durch sinnenfällige Zeichen gesetzt und in der den einzelnen Zeichen eigenen Weise zugleich auch bewirkt. Die Liturgie als Heiligungsdienst wird durch den mystischen Leib Jesu Christi, nämlich von Haupt und Gliedern, als vollständiger amtlicher Kult ausgeübt (c. 834 § 1). Dieser amtliche Kult (cultus publicus) ist dann gegeben, wenn er im Namen der Kirche von rechtmäßig beauftragten Personen in den von der kirchlichen Autorität anerkannten Handlungen ausgeübt wird (c. 834 § 2). Das Heiligungsamt üben vornehmlich die Bischöfe aus; sie sind Hohepriester und hauptsächliche Spender der Geheimnisse Gottes und Leiter, Förderer und Hüter des gesamten liturgischen Lebens in der ihnen übertragenen Kirche (c. 835 § 1).

2. *Priesterweihe als Grundlage der Verantwortung für den Heiligungsdienst (c. 835 § 2)*

Diesen Heiligungsdienst der Kirche üben auch die Priester aus. Sie haben Anteil am Priestertum Christi; sie sind seine Ausspender unter der Autorität des Bischofs und sind zur Feier des Gottesdienstes und zur Heiligung des Volkes Gottes geweiht.

3. *Die Pflicht zur Glaubensweckung als Folge des Zusammenhanges von Wort Gottes, Glauben und Sakramenten (c. 836)*

Da der christliche Gottesdienst, in dem das gemeinsame Priestertum aller Gläubigen ausgeübt wird, aus dem Glauben hervorgehen und sich auf den Glauben stützen muß, müssen die geweihten Amtsträger eifrig besorgt sein, ihn zu wecken und zu fördern, vor allem durch den Dienst des Wortes, aus dem der Glaube entsteht und genährt wird.

Anmerkung:

Die neu formulierte Rechtspflicht für alle geweihten Amtsträger, durch Wortverkündigung den Glauben der Empfänger zu wecken und zu „erhellen“ (illustrare), zeigt die Sensibilität des neuen Rechts für den Zusammenhang von Glauben und Sakrament, den die Liturgiekonstitution so ausgedrückt hatte, indem sie von den Sakramenten als den Sakramenten des Glaubens sprach, weil sie den Glauben nicht nur voraussetzen, sondern durch Wort und Zeichen auch nähren, stärken und anzeigen (SC 59, die Quelle des c. 836). Ohne ein Mindestmaß an gläubiger Antwort des Empfängers auf den im sakramentalen Zeichen ausgedrückten Glauben der Kirche kommt die Begegnung mit dem Herrn gar nicht zustande.

4. *Die Pflicht zur Förderung der tätigen Teilnahme als Folge des kirchlichen und gemeinschaftlichen Charakters der Liturgie (c. 837 §§ 1, 2)*

   a) Grundsatz (c. 837):
   Die liturgischen Handlungen sind nicht privater Natur (d. h. nicht ein isoliertes Tun des Klerus), sondern Feiern der Kirche, die das „Sakrament der Einheit“ ist.
   Sie ist nämlich das heilige Volk, geeint und geordnet unter den Bischöfen. Daher gehen diese Feiern den ganzen mystischen Leib der Kirche an, machen ihn sichtbar und wirken auf ihn ein. Seine einzelnen Glieder aber kommen mit ihnen in Berührung je nach der Verschiedenheit von Stand, Aufgabe und tätiger Teilnahme (vgl. SC 26).

   b) Rechtspflicht: Sorge um tätige Teilnahme der Gläubigen (c. 837 § 2):

Da die liturgischen Handlungen ihrer Natur nach auf eine gemeinschaftliche Feier hin angelegt sind, sollen sie, wo es geschehen kann, mit Beteiligung und tätiger Teilnahme der Gläubigen gefeiert werden (vgl. SC 27. Hinsichtlich der Grenzen des Möglichen vgl. c. 904).

II. Allgemeine Bestimmungen zu den Sakramenten (cc. 840–848)

1. *Taufe als „Eingangstor" (c. 849) und die Einheit der christlichen Initiation (c. 842 §§ 1, 2)*

Nach c. 842 § 1 kann niemand gültig zu den übrigen Sakramenten zugelassen werden, der die Taufe nicht empfangen hat.

Die Taufe als unabdingbare Voraussetzung genügt aber noch nicht, um in jedem Fall zu den Sakramenten zugelassen zu werden. Da für die volle Sakramentengemeinschaft das Bekenntnis zum katholischen Glauben und die Anerkennung der hierarchischen Leitung der Kirche erforderlich ist (vgl. c. 96), haben nichtkatholische Christen grundsätzlich keinen Anspruch auf die Sakramente in der katholischen Kirche. Nur in genau geregelten Ausnahmefällen ist, abgestuft nach dem Ausmaß der wirklich vorhandenen kirchenbildenden Elemente (vgl. LG 8, 2; UR 3), eine teilweise Sakramentengemeinschaft möglich (c. 844 § 1–5).

Katholiken müssen außerdem frei sein von kirchlichen Strafen, die vom Sakramentenempfang ausschließen (Exkommunikation, c. 1331 § 1 n. 2; Interdikt, c. 1332); sie dürfen kein Leben führen, das zur sittlichen Gemeindeordnung offenkundig im Widerspruch steht (c. 915). Eine letzte Grenze, die an das Gewissen der Gläubigen appelliert, ist für den Kommunionempfang gezogen: das Freisein von schwerer Schuld, d. h. der Stand der heiligmachenden Gnade (c. 916). Die Aufnahme der an sich rein theologischen Aussage, die Sakramente der Taufe, Firmung und Eucharistie seien so eng miteinander verbunden, daß sie für die volle christliche

Initiation erforderlich sind, in c. 842 § 2 ist sicher der Betonung der Einheit der Initiation im konziliaren Denken zu verdanken (SC 71) und hat an anderen Stellen des Gesetzbuches seinen Niederschlag gefunden: Firmspendung innerhalb der Messe (c. 881), Taufgelübdeerneuerung als Erfordernis für die Firmspendung (c. 889 § 2), erwünschte Identität von Tauf- und Firmpaten (c. 893 § 2).

2. *Pflicht zur Sakramentenspendung und zu gebührender Unterweisung (c. 843 §§ 1, 2)*

   a) Pflicht der geweihten Amtsträger zur Sakramentenspendung (c. 843 § 1)
   Da das Recht auf Sakramente ein hervorragendes Grundrecht der Gläubigen darstellt (c. 213), können nach c. 843 § 1 die geweihten Amtsträger die Sakramente denen nicht verweigern, die gelegen darum bitten (hinsichtlich Ort, Zeit u. ä.), recht vorbereitet sind (je nach der Natur des Sakraments) und von Rechts wegen am Empfang nicht gehindert sind (d. h. in voller Kirchengemeinschaft stehen, von keiner vom Sakramentenempfang ausschließenden Strafsanktion betroffen sind, vgl. c. 96, c. 844 § 1, cc. 1331, 1332; kein ärgerniserregendes unmoralisches Leben führen, c. 915; im Stande der Gnade sind, c. 916).

   b) Verpflichtung aller Seelsorger und der übrigen Gläubigen zur Evangelisation und Katechese (c. 843 § 2)
   Nach c. 843 § 2 haben die Seelsorger und die übrigen Gläubigen, jeder nach seiner kirchlichen Stellung (munus), die Pflicht, daß diejenigen, die um die Sakramente bitten, mit der gebührenden Verkündigung (evangelisatio) und entsprechender katechetischer Unterweisung auf den Empfang vorbereitet werden, unter Beobachtung der von der zuständigen Autorität erlassenen Normen.

Anmerkung:

Diese Norm gründet im unaufgebbaren Zusammenhang von Glauben und Sakramenten (c. 836; c. 840). Evangelisation bedeutet missionarischen Neubeginn mit der Verkündigung der

Frohbotschaft, der jeder katechetischen Unterweisung vorauszugehen hat. Adressaten dieser Pflicht sind alle Glieder der Kirche, jeder je nach seiner Stellung und Aufgabe, wie cc. 756–759 klar darlegen. Ziel der auf die Evangelisierung folgenden katechetischen Unterweisung ist nicht nur die unverkürzte Kenntnis des Glaubensgutes, sondern auch die Hinführung zu einer tieferen Begegnung mit dem Mysterium Christi (vgl. c. 760). (Siehe dazu Apostolisches Schreiben über die Evangelisierung in der Welt von heute vom 8. Dezember 1975, NKD 57.)

3. *Ökumenische Sakramentengemeinschaft: Grundprinzip und Ausnahmen (c. 844 §§ 1–5)*

a) Grundprinzip
Volle Gemeinschaft in der Feier der Sakramente setzt volle Gemeinschaft mit der katholischen Kirche voraus (c. 96). Schließlich offenbart die gemeinsame Feier der Sakramente in besonderer Weise die kirchliche Gemeinschaft (c. 837 § 1). Deswegen bestimmt c. 844 § 1: Katholischen Amtsträgern ist es nur erlaubt, katholischen Gläubigen die Sakramente zu spenden. Ebenso ist es katholischen Gläubigen nur erlaubt, von katholischen Amtsträgern die Sakramente zu empfangen. Dieses Grundprinzip läßt jedoch Ausnahmen zu (je nach dem Ausmaß der teilweise vorhandenen Kirchengemeinschaft, UR 3).

b) Ausnahmen aus ökumenischen Gründen
Außer dem Fall der Nottaufe (c. 861 § 2) werden aus ökumenischen Gründen folgende Ausnahmen gestattet:
– Empfang von Buße, Eucharistie und Krankensalbung durch Katholiken von nichtkatholischen Amtsträgern (c. 844 § 2):
Sooft Notstand es verlangt oder wahrer geistlicher Nutzen es rät, und unter der Bedingung, daß die Gefahr des Glaubensirrtums und des Indifferentismus vermieden wird, ist es katholischen Gläubigen, denen es physisch oder moralisch unmöglich ist, einen katholischen Amtsträger aufzusuchen, erlaubt, die Sakramente der Buße, Eucharistie und Krankensalbung von nichtkatholischen Amtsträgern zu empfangen, in deren Kirchen die genannten Sakramente gültig vorhanden sind.

Anmerkung:

Notstand oder wahrer geistlicher Nutzen sind z. B. gegeben bei Katholiken in Gefangenschaft, Verfolgung oder Diaspora. Die Vermeidung von Irrtum und Gleichgültigkeit im Glauben ist ein Gebot göttlichen Rechts (OE 26). Die Unmöglichkeit des Zutritts zu einem katholischen Geistlichen kann physisch („naturgesetzlich") oder moralisch sein (hoher Kostenaufwand, schwere Mühen u. ä.). Unter dem Blickpunkt der Heilsnotwendigkeit werden nur die Sakramente der Buße, Eucharistie und Krankensalbung in Betracht gezogen. Für Taufe und Eheschließung bestehen andere Regelungen (c. 861 § 2; c. 1127 § 1, § 2); die Firmung ist nicht heilsnotwendig. Gültige Sakramente setzen ein gültig geweihtes Amtspriestertum in der getrennten Kirche voraus. Dieses Erfordernis ist dogmatisch unabdingbar.

– Spendung von Buße, Eucharistie und Krankensalbung an nichtkatholische Ostchristen (c. 844 § 3):
  Katholischen Amtsträgern ist es erlaubt, die Sakramente der Buße, Eucharistie und Krankensalbung Angehörigen anderer Kirchen, die nicht in voller Gemeinschaft mit der katholischen Kirche stehen, zu spenden, wenn diese aus eigenem Antrieb darum bitten und recht vorbereitet sind. Dasselbe gilt auch für die Angehörigen anderer Kirchen, die nach dem Urteil des Apostolischen Stuhles sich hinsichtlich der Sakramente in derselben Lage wie die genannten orientalischen Kirchen befinden.

Anmerkung:

Die weniger strengen Bestimmungen für die Zulassung der orientalischen Christen gründen im Vorhandensein gültiger Sakramente und eines gültigen Amtspriestertums in diesen Kirchen sowie im Stehen in der apostolischen Sukzession (UR 15). Die Schuld der Trennung wird den heutigen getrennten Christen nicht mehr angerechnet (UR 3; DirOec I, 19). Das Erfordernis der spontanen Bitte soll jeden Proselytismus vermeiden helfen. Die rechtliche Disposition ist wie bei Katholiken zu beurteilen. Eine Sakramentengemeinschaft mit der Orthodoxie bei Taufe, Firmung und Weihe wurde von der Kommission (trotz der Gültigkeit der Sakramente) wegen deren kirchenstrukturierender Wirkung („rilievo sociale“) nicht für angezeigt gehalten. Ein ausdrückliches Verbot erging jedoch nicht (Comm 9, 1977, S. 335f.).

- Spendung von Buße, Eucharistie und Krankensalbung an Gläubige der übrigen getrennten Kirchen (c. 844 § 4): Wenn Lebensgefahr besteht oder nach dem Urteil des Diözesanbischofs bzw. der Bischofskonferenz, bei Drohen eines anderen schweren Notstandes, ist es katholischen Spendern erlaubt, die Sakramente der Buße, Eucharistie und Krankensalbung auch den übrigen Christen, die nicht in voller Gemeinschaft mit der katholischen Kirche stehen, zu spenden, wenn diese den Amtsträger ihrer Gemeinschaft nicht aufsuchen können und aus eigenem Antrieb danach verlangen, vorausgesetzt, daß sie den katholischen Glauben an diese Sakramente bezeugen und recht vorbereitet sind.

Anmerkung:

Diese Bestimmung regelt die Sakramentenspendung an Christen der Kirchen aus der Reformation.
Ein Sakramentenempfang von Katholiken in reformatorischen kirchlichen Gemeinschaften ist wegen des diesen Kirchen vom Konzil attestierten „Mangels des Weihesakraments“ und des dadurch bedingten Verlustes der vollständigen Substanz des eucharistischen Mysteriums (UR 22, 3) gar nicht möglich. Ein ausdrückliches gesetzliches Verbot war wegen der Selbstverständlichkeit gar nicht notwendig. In den genannten Mängeln bei Ordo und Eucharistie, aber auch in Unterschieden von großem Gewicht vor allem in der Interpretation der geoffenbarten Wahrheit (UR 19, 4) gründet die bereits im Ökumenischen Direktorium (I. Teil, n. 55; NKD 7, S. 52) ausgesprochene, in späteren interpretierenden Dokumenten eingeschärfte (vgl. NKD 41) und im neuen Recht nun kodifizierte größere Strenge gegenüber den Kirchen der Reformation.

Die Sakramentenspendung an reformatorischen Christen hat unabdingbare dogmatische Voraussetzungen: Bekenntnis des katholischen Glaubens an die entsprechenden Sakramente, rechte Disposition (auch hinsichtlich des Lebens in einer gültigen Ehe nach katholischer Auffassung).
Die Zulässigkeit ist nur in Lebensgefahr und anderen schweren Notsituationen gegeben. (Nach DirOec I n. 55 ist an Verfolgung, Gefängnis und andere dringende Notfälle zu denken. NKD 7, S. 53.) Die kirchliche Trauung eines konfessionell gemischten Paares stellt keinen dringenden Notfall dar.
Zuständig für die Beurteilung der Notsituation sind der Diözesanbischof (in Einzelfällen) bzw. die Bischofskonferenz (bei häufiger oder regelmäßig vorkommenden Notständen).

4. *Unwiederholbarkeit wegen des Prägemals und bedingungsweise Spendung (c. 845 § 1, § 2)*

   a) Die dogmatische Gegebenheit:
   Die Sakramente der Taufe, Firmung und Weihe können, da sie ein Prägemal (character indelebilis) verleihen, nicht wiederholt werden (c. 845 § 1).

   b) Die Ausnahme wegen des Seelenheils:
   Wenn nach erfolgter gewissenhafter Untersuchung noch ein vernünftiger Zweifel bleibt, ob die Sakramente der Taufe, Firmung und Priesterweihe überhaupt oder gültig gespendet worden sind, müssen sie bedingungsweise wiederholt werden (c. 845 § 2).

Anmerkung:

Im auch nach sorgfältiger Untersuchung nicht behebbaren Zweifelsfall fordert das Seelenheil die Vermutung, das Sakrament sei nicht gültig zustandegekommen; daher die Vorschrift der bedingten Wiederholung. Für die Taufe gilt die besondere Regelung des c. 869 §§ 1–3. Für die Ehe gilt die Bestimmung über deren Rechtsgunst (c. 1060 sowie c. 1086 § 3).
Nach der Meinung der Kommission kann c. 845 § 2 auch bei Buße und Krankensalbung angewandt werden, doch ohne

Pflicht zu einer so gründlichen Nachforschung (Comm 9/2, 1977, S. 337f.).

5. *Bindende Autorität der liturgischen Bücher und des eigenen Ritus (c. 846 § 1, § 2)*

   a) Bei der Feier der Sakramente sind die von der zuständigen kirchlichen Autorität gutgeheißenen Bücher getreu zu beobachten. Deswegen darf niemand in ihnen irgend etwas nach eigenem Gutdünken hinzufügen, weglassen oder ändern (c. 846 § 1).

   b) Jeder Liturge hat die Sakramente nach seinem eigenen Ritus zu feiern (c. 846 § 2).

6. *Vorschriften über die heiligen Öle und andere äußere Bedingungen*

   a) Ursprung, Weihe und guter Zustand der Öle (c. 847 § 1): Bei der Spendung jener Sakramente, bei denen heilige Öle gebraucht werden, muß der Spender Öl verwenden, das aus Oliven oder anderen Pflanzen gewonnen und abgesehen vom Krankenöl im Notfall (c. 999 n. 2) vom Bischof konsekriert oder benediziert ist. Ältere Öle sollen nur im Notfall verwendet werden.

   b) Aufbewahrungspflicht des Pfarrers (c. 847 § 2): Der Pfarrer hat die heiligen Öle von seinem Bischof zu erbitten und sie in geziemender Obhut sorgfältig aufzubewahren.
   Die heiligen Öle sollen demnach nicht über das Datum der nächsten Ölweihe am Gründonnerstag hinaus verwendet werden.

   c) Abgaben – Stolgebühren (c. 848): Der Spender darf außer den von der zuständigen Autorität festgelegten Abgaben nichts für die Sakramentenspendung verlangen. Auch bei den legitimen Abgaben muß jeder Anschein vermieden werden, Armen werde wegen der Bedürftigkeit der Beistand der Sakramente vorenthalten.

Anmerkung:

Ebenso zu vermeiden ist jede Bevorzugung angesehener Personen, jeder Anschein von Geschäftsgeist oder gar Simonie (vgl. Comm 9/2, 1977, S. 339).

III. Die Taufe (cc. 849–878)

A. Die Feier der Taufe (cc. 850–860)

Das neue Recht kennt die Unterscheidung zwischen feierlicher Taufe und nicht-feierlicher bzw. Privattaufe (c. 737 § 2, c. 755 § 1, c. 759 CIC/1917) nicht mehr. Denn jede Taufe hat nach den Anordnungen der liturgischen Bücher gespendet zu werden, außer im schweren Notfall, in dem nur die zur Gültigkeit erforderlichen Riten einzuhalten sind (c. 850).

1. *Gebührende Vorbereitung der Feier der Taufe*

   a) Erwachsenentaufe (c. 851, 1°):
   Der Erwachsene, der den Empfang der Taufe anstrebt, muß zum Katechumenat zugelassen werden, und, soweit es möglich ist, über die verschiedenen Stufen zur sakramentalen Initiation geführt werden gemäß dem von der Bischofskonferenz erstellten Ordo für die Eingliederung und den von ihr erlassenen besonderen Vorschriften.

   b) Kindertaufe und Taufgespräch (c. 851, 2°):
   Die Eltern des Täuflings, ebenso die Paten, sind über die Bedeutung dieses Sakramentes und über die mit der Taufe zusammenhängenden Pflichten gebührend zu belehren. Der Pfarrer hat selber oder durch andere dafür zu sorgen, daß durch pastorale Unterweisungen, ja sogar durch gemeinsames Gebet, die Eltern gebührend eingeführt werden; er kann dazu mehrere Familien zusammenrufen; wo es möglich ist, soll er sie besuchen. (Diese gemeinsame Versammlung mehrerer Familien und der

Besuch der einzelnen Familien sind die im Gesetzbuch vorgesehenen Formen des bei uns üblichen „Taufgesprächs".)

Anmerkung:

Bei dieser gemeinrechtlichen Grundlage des Taufgesprächs ist die Vorschrift des gemeinsamen Gebets der eingeladenen Kindeseltern neben der Pflicht der pastoralen Unterweisung sehr zu beherzigen. Die im Schema Sacr 1975 noch vorgesehene Formulierung, die Eltern würden im Namen des Kindes den katholischen Glauben bekennen, wurde bewußt weggelassen, da es auch möglich ist, daß ungläubige Eltern um die Taufe ihres Kindes bitten, dabei aber Sicherstellungen (Kautionen) leisten müssen, daß das Kind im katholischen Glauben (von einer anderen Person) erzogen wird, wie es in Missionsgebieten (nur dort?) häufig vorkommt. Es ist der Glaube der Kirche (bzw. der konkreten Gemeinde), und nicht allein der Glaube der Eltern, auf den hin das Kind getauft wird (Communicationes 13/1, 1981, S. 215. Vgl. SCFid, Instructio de baptismo parvulorum, vom 20. Oktober 1980, Communicationes 13/1, 1981, S. 26–41, bes. S. 39).

2. *Grenze zwischen Erwachsenentaufe und Kindertaufe*

C. 852 § 1: Die Bestimmungen über die Erwachsenentaufe sind auf alle Täuflinge anzuwenden, die dem Kindesalter entwachsen sind und den Vernunftgebrauch erlangt haben: vollendetes 7. Lebensjahr (c. 97 § 2).
Hinsichtlich des Spenders der Taufe gibt es allerdings bei der Erwachsenentaufe noch eine Differenzierung: Bei Täuflingen, die das 13. Lebensjahr vollendet haben, soll die Taufspendung dem Diözesanbischof angetragen werden, und wenn er es für angebracht hält, soll er sie auch selbst spenden (c. 863).
C. 852 § 2: Wer (nach dem vollendeten 7. Lebensjahr) den Vernunftgebrauch nicht erlangt hat, für den gelten die Bestimmungen über die Kindertaufe.

3. *Taufwasser – Spendeweise – Name*

C. 853: Außer im Notfall ist die Taufe mit dem nach den liturgischen Vorschriften geweihten Taufwasser zu spenden.
C. 854: Die Taufe ist entweder durch Eintauchen oder durch Übergießen zu spenden, nach den Vorschriften der Bischofskonferenz.

Anmerkung:

Die dritte traditionelle Spendeform der Besprengung wird im neuen Recht nicht erwähnt. Ihr kommt nicht die gleichwertige Zeichenhaftigkeit zu wie den beiden anderen (da das Wasser fließen soll, Comm 13/1, 1981, S. 217).

C. 855: Eltern, Paten und Pfarrer haben dafür zu sorgen, daß das Kind keinen dem christlichen Empfinden fremden Namen erhält. (Der Pfarrer trägt nicht die alleinige Sorge für die Vereinbarkeit des Namens mit dem christlichen Empfinden.)

4. *Zeit und Ort der Taufspendung; Haustaufen, Kliniktaufen*

a) Bevorzugte Termine (c. 856):
Wenn die Taufe auch an jedem Tag gespendet werden kann, so wird doch empfohlen, daß sie in der Regel am Sonntag, oder, wenn es möglich ist, in der Osternacht gespendet wird. (Letzterer Termin ist wohl im Sinn des alten Rechts [c. 772 CIC/1917] vor allem für Erwachsenentaufen heranzuziehen.)

b) Der angemessene Ort der Taufspendung:
Abgesehen vom Notfall ist die Kirche oder die (öffentlich zugängliche) Kapelle (oratorium c. 1223) der für die Taufspendung angemessene Ort (c. 857 § 1). In der Regel soll ein Erwachsener in der eigenen Pfarrkirche, ein Kind in der Pfarrkirche der Eltern, getauft werden, außer es ist aus einem gerechten Grund ein Abgehen davon angeraten (c. 857 § 2).

Für jede Pfarrkirche ist ein Taufbrunnen vorgeschrieben. Gleichzeitige wohlerworbene Rechte anderer Kirchen (in der Pfarre) bleiben erhalten (c. 858 § 1). Der Ortsoberhirte kann nach Anhören des Ortspfarrers zum Vorteil der Gläubigen die Errichtung eines Taufbrunnens in einer anderen Kirche oder Kapelle innerhalb der Pfarrei erlauben oder sogar vorschreiben (c. 858 § 2).
Die Taufspendung in der nähergelegenen Kirche oder Kapelle oder sogar an einem anderen geziemenden Ort (erwähnt aus Rücksicht auf die Bedürfnisse der Missionsgebiete Comm 13/1, S. 218) ist gestattet und sogar vorgeschrieben, wenn der Täufling wegen der Entfernung oder aus anderen Gründen ohne schweren Nachteil nicht zur Pfarrkirche oder einer (nähergelegenen) Kirche oder Kapelle mit Taufbrunnen gehen oder gebracht werden kann (c. 859).

c) Der Ausnahmefall der Haustaufe und Kliniktaufe:
Abgesehen vom Notfall ist die Spendung der Taufe in Privathäusern nur gestattet, wenn der Ortsoberhirte aus schwerwiegendem Grund (gravi de causa) die Erlaubnis erteilt hat (c. 860 § 1). Wegen der in der pfarrlichen Gemeinschaft bevorzugten Taufspendung ist für die Erteilung der Erlaubnis ein gerechter Grund (iusta causa) nicht ausreichend (Comm 13/1, 1981, S. 219).
Taufen in Krankenhäusern sind dementsprechend ebenfalls nur im Notfall oder aus einem anderen zwingenden pastoralen Grund erlaubt, außer der Diözesanbischof hat anderes verfügt (c. 860 § 2).

B. Der Spender der Taufe (cc. 861–863)

1. *Der Spender im Regelfall und in Ausnahmefällen*

C. 861 § 1: Ordentliche Spender sind der Bischof (vgl. c. 863), der Priester und der Diakon; die Taufspendung ist die erste der dem Pfarrer in besonderer Weise überantworteten seelsorglichen Funktionen (c. 530, 1°).
C. 861 § 2: Bei Abwesenheit oder Verhinderung des ordentli-

chen Spenders spendet die Taufe erlaubterweise der Katechist oder ein vom Ortsoberhirten für diesen Dienst Beauftragter. Im Notfall kann jeder Mensch, der von der entsprechenden Absicht getragen ist, taufen. Deswegen sollen die Seelsorger, besonders die Pfarrer, die Gläubigen über die rechte Weise der Taufspendung unterweisen.

2. *Territoriale (pfarrliche) Zuständigkeitsgrenze*

C. 862: Niemand darf, außer im Notfall, in einem fremden Gebiet ohne entsprechende Erlaubnis die Taufe spenden, nicht einmal der Seelsorger seinem eigenen Sprengelangehörigen.

Anmerkung:

Die Begrenzung der Tauferlaubnis auf den eigenen Sprengel (es ist in erster Linie an die eigene Pfarrei gedacht) möchte die Sicherheit der Eintragung ins Taufbuch gewährleisten (Comm 13/1, 1981, S. 221).

3. *Erwachsenentaufe*

C. 863: Die Taufe Erwachsener, wenigstens jener, die das 14. Lebensjahr vollendet haben, soll dem Diözesanbischof angetragen werden, der sie auch selber spenden soll, wenn er es für angebracht hält.
Der Bischof als Vertreter der Teilkirche soll den Erwachsenen in diese aufnehmen. In der Praxis wird der Diözesanbischof wohl meist delegieren (Comm 13/1, 1981, S. 221).

C. Die Empfänger der Taufe (cc. 864–871)

Im Anschluß an die theologische Feststellung, daß jeder Mensch (und nur der noch nicht getaufte Mensch) die Taufe empfangen kann (c. 864), handelt das Gesetzbuch von der Taufe der Erwachsenen (cc. 865, 866), der Kinder (cc. 867, 868) und vom Verhalten gegenüber zweifelhaft Getauften sowie gegenüber in nichtkatholischen christlichen Gemeinschaften Getauften (cc. 869–871).

1. *Erwachsenentaufe*

a) Regelfall (c. 865 § 1):
Damit ein Erwachsener überhaupt getauft werden kann, ist notwendig, daß dieser seinen Willen, die Taufe empfangen zu wollen, geäußert hat, in den Glaubenswahrheiten ausreichend unterwiesen und in der christlichen Lebensführung durch das Katechumenat erprobt ist; er soll auch ermahnt werden, seine Sünden zu bereuen.

b) Lebensgefahr (c. 865 § 2):
In Lebensgefahr kann ein Erwachsener dann getauft werden, wenn er, im Besitz der Kenntnis wenigstens der wichtigsten Glaubenswahrheiten, in irgendeiner Weise seine Absicht, die Taufe zu empfangen, geäußert hat und verspricht, die Gebote der christlichen Religion einzuhalten.

c) Volle Initiation (c. 866):
Ein Erwachsener soll, wenn nicht ein schwerer Grund dagegen spricht, sogleich nach der Taufe durch Empfang der Firmung und Mitfeier der Eucharistie mit Kommunionempfang voll in die christliche Gemeinschaft aufgenommen werden. (Zur Firmvollmacht des Priesters in diesem Fall: c. 883, 2°).

2. *Kindertaufe*

a) Zeitpunkt, Regelfall (c. 867 § 1):
Die Eltern haben die Pflicht, dafür zu sorgen, daß die Kinder innerhalb der ersten Wochen getauft werden; sofort nach der Geburt, ja sogar schon vor ihr, sollen sie den Pfarrer aufsuchen, um das Sakrament für ihr Kind zu erbitten und um selber gebührend darauf vorbereitet zu werden.

Anmerkung:

In Übereinstimmung mit den liturgischen Vorschriften, die ein gewisses Zuwarten mit der Taufspendung als begründet erscheinen lassen, wurde anstelle der vorgesehenen Übernahme der Pflicht zur baldigen Taufspendung aus dem alten Recht („quamprimum“, c. 770 CIC/1917) den Eltern die Pflicht auferlegt, spätestens sofort nach der Geburt mit dem Pfarrer Kontakt aufzunehmen, während als Zeitpunkt der Taufe die ersten Wochen nach der Geburt („inter priores hebdomadas“) angegeben werden (Comm 13/1, 1981, S. 223).
In Lebensgefahr soll das Kind unverzüglich („sine ulla mora“) getauft werden (c. 867 § 2).

b) Erlaubtheitsvoraussetzungen, Regelfall (c. 868 § 1):
Damit ein Kind erlaubterweise getauft wird, ist erforderlich:

- Die Zustimmung der Eltern, wenigstens eines Elternteiles, oder derer, die rechtmäßig die Elternstelle innehaben;
- begründete Hoffnung muß vorhanden sein, daß das Kind in der katholischen Religion erzogen wird. Fehlt diese Hoffnung völlig, ist die Taufe nach den Vorschriften des teilkirchlichen Rechts aufzuschieben; den Eltern sind die Gründe zu erklären.

Anmerkung:

Um jede Willkür zu vermeiden, müßte in diesem Punkt das Partikularrecht entsprechende Richtlinien festlegen.
Einem Kind katholischer, ja sogar nichtkatholischer Eltern kann in Lebensgefahr die Taufe erlaubterweise auch gespendet werden, wenn die Eltern nicht einwilligen (c. 868 § 2).

3. *Verhalten gegenüber zweifelhaft Getauften und in nichtkatholischen christlichen kirchlichen Gemeinschaften Getauften*

a) Grundsatz (c. 869 § 1):
Im Zweifelsfall, ob jemand die Taufe überhaupt empfan-

gen hat oder ob er gültig getauft worden ist, muß eine gründliche Untersuchung (seria investigatio) vorgenommen werden. Wenn trotz dieser Untersuchung ein Zweifel besteht, ist die Taufe bedingungsweise zu spenden.

b) Vorgangsweise (c. 869 § 2):
In nichtkatholischen kirchlichen Gemeinschaften Getaufte dürfen nicht bedingungsweise noch einmal getauft werden, außer es besteht angesichts der bei der Taufspendung verwendeten Materie und Taufformel und angesichts der Intention des erwachsenen Täuflings und des Taufspenders ein ernster Grund, an der Gültigkeit der Taufe zu zweifeln.

c) Unterweisungspflicht im Falle der bedingungsweisen Taufe (c. 869 § 3):
Im Falle einer gebotenen bedingungsweisen Taufspendung haben dem erwachsenen Täufling die Lehre vom Taufsakrament dargelegt, ihm sowie seinen Eltern (bei einer Kindertaufe) aber auch die Gründe für die Zweifel an der Gültigkeit der bereits empfangenen Taufe erklärt zu werden.

d) Sonderfälle:
Ausgesetzte Kinder oder Findelkinder sind zu taufen, außer sorgfältige Nachforschungen haben ergeben, daß sie bereits getauft sind (c. 870). Fehlgeburten sollen, wenn sie leben, getauft werden, soweit dies möglich ist (c. 871). Eine Taufe im Mutterschoß (c. 746 CIC/1917) oder eine Taufe von Mißgeburten (c. 748 CIC/1917) kennt das neue Gesetzbuch nicht mehr.

D. Taufpaten (cc. 872–874)

1. *Aufgaben*

a) Jedem Täufling soll, wenn es möglich ist, ein Pate beigegeben werden (c. 872 § 1).

b) Dem erwachsenen Täufling hat der Pate während der christlichen Initiation beizustehen.

c) Das zu taufende Kind hat der Pate zusammen mit den Eltern zur Taufe vorzustellen (ad baptismum praesentare), und er hat sich zu bemühen, daß der Täufling ein der Taufe entsprechendes christliches Leben führt und die mit der Taufe verbundenen Pflichten treu erfüllt.

Anmerkung:

Erwähnenswert ist, daß die Aufgabe des Paten bei der Erwachsenentaufe vor der Kindertaufe angeführt wird. Die Aufgabe und Fähigkeit, einem Erwachsenen im Hineinwachsen in eine christliche Gemeinschaft beizustehen, hat den Vorrang von erzieherischen oder sozialen Ersatzaufgaben an Eltern statt einem Kind gegenüber.

d) Der Täufling soll nur einen Paten oder eine Patin oder (höchstens) Paten und Patin haben. Geschlechtsverschiedenheit spielt keine Rolle (c. 873).

2. *Bedingung für die Zulassung zum Patenamt (c. 874)*

a) Grundvoraussetzungen:
Der Pate muß
- bestellt sein vom (erwachsenen) Täufling, oder von den Eltern bzw. deren Stellvertreter, oder wenn solche nicht vorhanden sind, vom Pfarrer oder Taufspender;

der Pate muß die
- Eignung (im folgenden beschrieben) und die
- Absicht haben, dieses Amt zu übernehmen.

b) Alter:
Der Pate muß das 16. Lebensjahr vollendet haben, außer der Diözesanbischof hat ein anderes Mindestalter festgesetzt oder der Pfarrer bzw. „der Spender“ hält aus einem gerechten Grund eine Ausnahme für zulässig.

c) Eignung:
Volle Initiation und praktizierender Katholik. Der Pate muß ein Katholik sein, gefirmt sein und bereits die Erst-

kommunion empfangen haben (d. h. er muß alle Initiationssakramente empfangen haben, die hier in der theologiegeschichtlich älteren und wohl richtigeren Reihenfolge aufgezählt werden). Der Pate muß ebenso ein Leben führen, das dem Glauben und dem zu übernehmenden Amt entspricht.

Anmerkung:

Die Kommission wollte mit dieser Neuformulierung ausdrükken, daß sie die Führung eines christlichen Lebens als Bedingung für die Übernahme des Patenamtes ansieht: Nur praktizierende Katholiken sollen Paten sein. Das neue Recht verlangt hier mehr als das frühere, das an dieser Stelle vom Paten nur den Vollbesitz der kirchlichen Ehre und das Fehlen von Grundrechtseinschränkungen durch Ehrverlust verlangte (c. 766, 2° CIC/1917). Wer sich wegen eines notorischen Delikts eine von selbst eintretende Tatstrafe zugezogen hat, wer offenkundig straffällig geworden ist oder seinen kirchlichen guten Ruf verloren hat, dem darf das Patenamt nicht erlaubt werden. Das neue Recht verlangt über den Vollbesitz des kirchlichen guten Rufes hinaus eine christliche Lebensführung, einen praktizierten Glauben. Das neue Gesetzbuch formuliert die Eignungserfordernisse positiv. Wiederverheiratete Geschiedene werden diese Erfordernisse in der Regel sicherlich nicht erbringen. Doch kann das Erbringen dieser Erfordernisse auch nicht einfach mit dem Bestehen einer kanonisch gültigen Ehe gleichgesetzt werden. Ähnlich werden vom neuen Gesetzbuch hervorragende Ehrbarkeit für die Tätigkeit in beratenden Gremien (c. 288 § 2), gute Sitten für die Mitgliedschaft im Pastoralrat (c. 512 § 3), erprobte Lebensführung für das Amt des Untersuchungsrichters (c. 1424), untadeliger Ruf für die Ämter des Kirchenanwalts und Ehebandverteidigers (c. 1435) gefordert.

d) Freisein von Strafurteilen:
Der Pate darf von keinem kirchlichen Strafurteil, das eine Strafe verhängt oder eine von selbst eingetretene Strafe als eingetreten erklärt, betroffen sein.

e) Eltern nicht:
Der Pate darf nicht Vater oder Mutter des Täuflings sein. (Der Ehegatte ist nicht mehr ausgeschlossen, wie c. 765, 3° CIC/1917).

f) Nichtkatholiken nur Taufzeugen:
Nichtkatholische Christen können nur zusammen mit einem katholischen Paten, und nur als Taufzeuge, zugelassen werden (c. 874 § 2).

E. Nachweis und Eintragung der gespendeten Taufe (cc. 875–878)

1. *Taufzeuge und Nachweis der Taufe*

Der Taufspender hat dafür zu sorgen, daß ein Taufzeuge, durch den die Spendung der Taufe später bewiesen werden kann, anwesend ist, wenn kein Pate anwesend ist (c. 875). Der Nachweis der Taufe kann erbracht werden auch bloß durch die Erklärung eines einzigen Zeugen, wenn niemandem dadurch ein Nachteil entsteht, oder auch durch die eidliche Versicherung des Täuflings selbst, wenn er im Erwachsenenalter getauft worden ist (c. 876).

Anmerkung:

Erwachsenenalter bedeutet hier wohl Volljährigkeit: vollendetes 18. Lebensjahr nach dem neuen Recht (c. 97 § 1). Wenn Rechte Dritter berührt werden, z. B. bei Geltendmachung der Ungültigkeit der Ehe wegen Religionsverschiedenheit (c. 1086 § 1, § 3), genügt in der Regel ein Zeuge nicht (c. 1573). Solange nicht mit Sicherheit bewiesen ist, daß ein Partner getauft und der andere ungetauft ist, spricht die Rechtsgunst für die Gültigkeit der Ehe (c. 1086 § 3, c. 1060).

2. *Taufbucheintragung*

a) Zuständigkeit und Inhalt (c. 877 § 1):
Die Taufbucheintragung ist Pflicht des Pfarrers des Ortes

der Taufspendung. Zu den üblichen Daten (Spender, Eltern, Paten, Ort und Zeit) kommt die Eintragung der Taufzeugen hinzu, falls sie beigezogen wurden.

b) Ledige Kinder (c. 877 § 2):
Der Name der Mutter ist einzutragen, wenn ihre Mutterschaft öffentlich feststeht, oder wenn sie aus eigenem Antrieb schriftlich oder vor zwei Zeugen darum bittet; der Name des Vaters ist einzutragen, wenn seine Vaterschaft durch irgendein öffentliches (auch staatliches: c. 1540 § 2) Dokument feststeht, oder er vor dem Pfarrer und zwei Zeugen eine entsprechende Erklärung abgibt. Sonst wird bloß der Name des Kindes eingetragen (ohne Hinweis auf „unbekannte Eltern" u. a. wie c. 777 § 2).

c) Adoptivkinder (c. 877 § 3):
Bei Adoptivkindern sind die Namen der Adoptiveltern einzutragen, die Namen der natürlichen Eltern dann, wenn diese auch in der staatlichen Rechtspraxis eingetragen werden, unter Beachtung der §§ 1 und 2. Die Bischofskonferenz hat nähere Normen zu erlassen.

d) Fremder Taufspender (c. 878):
Bei Taufspendung weder durch den Ortspfarrer noch in dessen Anwesenheit hat der Spender, wer immer es sei, den Pfarrer der Pfarrei über die Taufspendung zwecks Eintragung ins Taufbuch zu verständigen.

IV. Die Firmung (cc. 879–893)

A. Die Feier der Firmung (cc. 880+881)

1. *Das sakramentale Zeichen*

a) Materie und Form (c. 880 § 1):
Die Firmung wird durch Salbung mit Chrisam auf die Stirn in Verbindung mit Handauflegung und durch die in den liturgischen Büchern enthaltene Formel gespendet.

Anmerkung:

Das Gesetzbuch verbindet beide in der Geschichte dieses Sakraments nachweisbaren Spendeweisen (Chrisamsalbung und Handauflegung) miteinander, nennt aber im Anschluß an die Apostolische Konstitution Papst Pauls VI. über das Sakrament der Firmung vom 15. August 1971 im Sinne der römischen Tradition seit dem 11. Jahrhundert die Chrisamsalbung vor der Handauflegung, während c. 780 CIC/1917 die biblisch und frühchristlich als Zeichen der Geistmitteilung bezeugte Handauflegung vor der mit ihr verbundenen Chrisamsalbung erwähnte.

b) Weihe des Chrisams (c. 880 § 2):
Das bei der Firmspendung verwendete Chrisam muß immer vom Bischof geweiht sein, auch wenn ein bevollmächtigter Priester firmt.

2. *Ort und Zeitpunkt der Spendung (c. 881)*
Geziemenderweise soll die Firmung in der Kirche und innerhalb der Meßfeier gespendet werden; aus einem gerechten und vernünftigen Grund ist eine Spendung außerhalb der Messe und an jedem würdigen Ort möglich.

B. Der Firmspender (cc. 882–888)

Das neue kirchliche Gesetzbuch bezeichnet den Bischof wieder im Sinne der kanonischen Tradition als ordentlichen Spender der Firmung (minister ordinarius, c. 882), während das Konzil (LG 26), die liturgischen Bücher (z. B. Die Feier der Firmung, Nr. 17) und noch das Schema Sacr 1975 vom Bischof als dem ursprünglichen bzw. erstberufenen Spender (minister originarius) sprechen. Die Frage, in welchem Weihegrad die Firmvollmacht ihrer Substanz nach ruht und wie die Bevollmächtigung von Priestern zur Firmspendung theologisch zu werten ist, kann und will das Gesetzbuch nicht beantworten.
Das Gesetzbuch kennt eine Vielheit von Priestern als außerordentlichen Firmspendern und führt damit eine Entscheidung zu einer gewissen Reife, die unter Pius XII. bereits begonnen hatte.

1. *Ordentliche und außerordentliche Spender*

Ordentlicher Spender der Firmung ist der geweihte Bischof; auch der Titularbischof. Gültig spendet dieses Sakrament auch der Priester, der mit der Firmvollmacht (facultas) kraft allgemeinen Rechts oder kraft einer besonderen Verleihung durch die zuständige Autorität ausgestattet ist (c. 882).

2. *Außerordentliche Spender kraft Gesetzes*

Von Rechts wegen erfreuen sich der Firmvollmacht (c. 883):

a) Dem Diözesanbischof gleichgestellte Oberhirten:
Innerhalb der Grenzen ihres Sprengels jene Oberhirten ohne Bischofsweihe, die im Recht den Diözesanbischöfen gleichgeachtet werden (das sind die Vorsteher einer Prälatur und Abtei mit eigenem Jurisdiktionsbezirk [Territorium], eines Apostolischen Vikariats und einer Apostolischen Präfektur sowie einer für ständig errichteten Administratur: c. 381 § 2; c. 368. Zum Diözesanadministrator vgl. c. 427 § 1).

b) Erwachsenentaufe:
Nur für die Person, um die es sich handelt, der Priester, der kraft seines Amtes oder im Auftrag des Diözesanbischofs jemanden tauft, der dem Kindesalter (vollendetes 7. Lebensjahr) bereits entwachsen ist, oder einen solchen bereits Getauften in die volle Gemeinschaft der katholischen Kirche aufnimmt.
Von Amts wegen ist der Pfarrer für die Taufspendung zuständig (c. 530, 1°). Wenigstens für die Taufe jener dem Kindesalter Entwachsener, die das 14. Lebensjahr vollendet haben, ist ein Auftrag des Diözesanbischofs notwendig (vgl. c. 863). Dieser Auftrag ist auch erforderlich für die Aufnahme nichtkatholischer Christen in die volle Gemeinschaft der katholischen Kirche.

c) Lebensgefahr:
Für diejenigen, die sich in Lebensgefahr befinden, hat der Pfarrer (bei dessen Verhinderung sogar jeder Priester) Firmvollmacht.

3. *Pflicht zur Firmspendung und Regeln für die Bestellung von außerordentlichen Spendern durch Verleihung der Vollmacht (cc. 884+885)*

   a) Bischof, Weihbischof, bevollmächtigte Priester (c. 884 § 1):
   Die Pflicht zur Firmspendung obliegt dem Diözesanbischof, der sie persönlich spendet oder durch einen anderen Bischof spenden lassen soll. Falls es die Notwendigkeit erfordert, kann er die Firmvollmacht einem oder mehreren bestimmten Priestern übertragen.

   b) Mitspender (c. 884 § 2):
   Aus schwerwiegendem Grund kann der Bischof (ebenfalls jeder Priester mit Firmvollmacht kraft des Gesetzes oder kraft besonderer Verleihung) in Einzelfällen Priester mit heranziehen, daß sie mit ihm zusammen die Firmung spenden.

Anmerkung:

Die in unpräziser Sprache gebotene weitgehende Möglichkeit, daß auch bevollmächtigte Priester ihre Vollmacht weitergeben können, ist gegenüber Rituale und Entwurf 1975 durch das Erfordernis eines schwerwiegenden Grundes eingeschränkt. Die Beschränkung des als Mitspender in Frage kommenden Kreises von Priestern in den liturgischen Vorschriften (Die Feier der Firmung, Nr. 18) gilt weiter (c. 2).

   c) Zielgruppe der Spendungspflicht (c. 885):
   Der Diözesanbischof ist verpflichtet, dafür zu sorgen, daß seinen Diözesanen, wenn sie rechtmäßig und begründet darum bitten, das Sakrament der Firmung gespendet wird.
   Der bevollmächtigte Priester muß die Firmvollmacht für jene gebrauchen, zu deren Gunsten sie ihm übertragen worden ist.

4. *Territoriale und personale Grenzen der Firmvollmacht (cc. 886–888)*

a) Bischof (c. 886):
In seiner eigenen Diözese spendet der Bischof die Firmung auch Gläubigen aus anderen Sprengeln rechtmäßig, außer es läge ein ausdrückliches Verbot ihres persönlichen Oberhirten vor. (Zuwiderhandeln hätte aber nicht die Ungültigkeit der Firmspendung zur Folge; c. 10).
Für die Firmspendung in einer fremden Diözese bedarf der Bischof für seine eigenen Untergebenen keiner Erlaubnis. Für Nichtuntergebene braucht er die Zustimmung des Bischofs der fremden Diözese, die er in der Regel als gegeben annehmen kann.

b) Priester (c. 887):
Der Priester mit Firmvollmacht spendet innerhalb des ihm zugewiesenen Kirchensprengels die Firmung auch den Auswärtigen erlaubterweise, außer es läge ein Verbot von deren eigenem Oberhirten vor (ein solches Verbot würde die Firmspendung nicht verungültigen). Außerhalb des eigenen Sprengels kann der bevollmächtigte Priester jedoch niemanden gültig firmen, außer in Lebensgefahr gemäß c. 883, n. 3.
Die einem Priester verliehene Firmvollmacht ist streng territorial begrenzt. Der Priester kann sie nur in seinem Amtsbezirk gültig ausüben (z. B. der Pfarrer nur innerhalb seiner Pfarrgrenzen).
(Eine Ritusgebundenheit der Firmvollmacht des außerordentlichen Spenders [c. 782, §§ 4, 5 CIC/1917] enthält das neue Recht nicht.)

c) Exempte Orte (c. 888):
Innerhalb des Sprengels, für den die Firmvollmacht gilt, kann diese auch an exempten Orten ausgeübt werden.

C. Empfänger der Firmung (cc. 889–891)

1. *Voraussetzungen für einen fruchtbaren Empfang (c. 889)*
Das neue Gesetzbuch möchte die Bedingungen für einen fruchtbaren Empfang besser ausdrücken. Außer der grundlegenden theologischen Aussage, daß jeder und nur der noch nicht gefirmte Getaufte dieses Sakrament empfangen kann (c. 889 § 1), verlangt es für den erlaubten Empfang, außerhalb von Lebensgefahr, bei Empfängern, die des Vernunftge-

brauches mächtig sind, daß sie geeignet unterwiesen und entsprechend eingestellt sind und das Taufversprechen erneuern können (c. 889 § 2). Letzteres Erfordernis ergibt sich aus dem Zusammenhang der Initiationssakramente (vgl. c. 842 § 2; Comm 10/1, 1978, S. 82).

2. *Pflichten der Gläubigen und der Seelsorger (c. 890)*
   Erstrangig sind die Gläubigen verpflichtet, das Sakrament der Firmung zeitgerecht zu empfangen.
   Eltern, Seelsorger, vor allem die Pfarrer, haben zu sorgen, daß die Gläubigen entsprechend unterwiesen und zum geeigneten Zeitpunkt gefirmt werden.

3. *Firmalter (c. 891)*
   C. 891 bestimmt, daß die Firmung den Gläubigen im Alter der Unterscheidung (circa aetatem discretionis) gespendet werden soll, somit um das 7. Lebensjahr, außer die Bischofskonferenz habe ein anderes Alter festgelegt, oder es bestünde Lebensgefahr, oder ein schwerwiegender Grund würde nach dem Urteil des Spenders etwas anderes nahelegen.

Anmerkung:

Bei dem von der Bischofskonferenz festgesetzten Alter kann es sich nur um reiferes Alter handeln (vgl. Die Feier der Firmung, Nr. 6), während die anderen beiden Ausnahmen eine Herabsetzung des Firmalters unter das 7. Lebensjahr rechtfertigen. Das 7. Lebensjahr ist in der lateinischen Kirche ja bereits Ergebnis eines Aufschubs (c. 788 CIC/1917). Die Österreichische Bischofskonferenz hat als allgemeine Richtlinie das vollendete 12. Lebensjahr als Mindestalter festgelegt.

D. Firmpaten (cc. 892+893)

1. *Vorschriften und Aufgabe (c. 892)*

   Dem Firmling soll, soweit es möglich ist, ein Pate beistehen. (Auch der Firmpate ist nicht zwingend vorgeschrieben.) Der

Pate soll sich darum sorgen, daß der Gefirmte als wahrer Zeuge Christi lebe und die Pflichten aus dem Sakrament treu erfülle.

2. *Eignungsvoraussetzungen (c. 893)*

a) Für den Firmpaten gelten dieselben Eignungsvoraussetzungen wie für den Taufpaten (c. 893 § 1; vgl. c. 874).

b) Geziemenderweise soll der Taufpate selber auch das Amt des Firmpaten übernehmen (c. 893 § 2).

E. Nachweis und Eintragung der gespendeten Firmung (cc. 894–896)

1. *Nachweis (c. 894)*

Der Nachweis der Firmung hat wie bei der Taufe (c. 876) zu erfolgen. (Trotzdem ist bei Abwesenheit eines Paten kein „Firmzeuge" vorgeschrieben wie der Taufzeuge nach c. 875.)

2. *Firmbuch (c. 895)*

Ein Firmbuch hat bei der Diözesankurie geführt zu werden. Wenn es Bischofskonferenz oder Diözesanbischof vorschreiben, ist in jedem Pfarrarchiv ein Firmbuch zu führen. (Das alte Recht sah für jede Pfarre die Führung eines Firmbuches vor: c. 798 CIC/1917.)
Im Firmbuch sind die Namen der Gefirmten, Spender, Paten, Eltern, Ort und Zeit der Firmspendung einzutragen. Der eintragende Pfarrer (bzw. im Regelfall die Diözesankurie: der zweite Teil des c. 895 ist schlecht redigiert; er berücksichtigt die im Entwurf 1975 noch nicht vorgesehene und später eingeführte Führung des Firmbuches an der Kurie nicht) hat den Pfarrer des Ortes der Taufspendung wegen der Eintragung der Firmung im Taufbuch gemäß c. 535 § 2 zu verständigen.

War der Ortspfarrer bei der Firmspendung nicht anwesend, hat ihn der Firmspender baldigst zu verständigen oder verständigen zu lassen (c. 896).

V. Die heilige Eucharistie (cc. 897–958)

Vorbemerkung:

Aus den einleitenden Canones:
Ehrfurcht bei der aktiven Teilnahme (c. 898):
Den zahlreichen Bitten der Beratungsorgane um stärkere Betonung der aktiven Teilnahme der Gläubigen entspricht c. 898, der als Gesetzesbefehl mit zwei Normadressaten formuliert ist, die Gläubigen und die Seelsorger, und der die Gläubigen zu höchster Ehrfurcht ermahnt, wenn sie an der Feier der heiligen Eucharistie aktiven Anteil nehmen, dieses Sakrament in Ergebenheit häufig empfangen und es in höchster Anbetung verehren, die Seelsorger aber verpflichtet, bei der Unterweisung über dieses Sakrament die Gläubigen über diese Pflicht zur Ehrerbietung unermüdlich zu unterrichten.
Gegenstand der Belehrungspflicht der Seelsorger soll sein, daß im eucharistischen Opfer der Sohn den Vater anbetet und wir den Vater mit Christus; und daß die Gläubigen in der Eucharistie Christus als Gott anbeten, da er als Mensch mit Leib und Seele, aber auch mit seiner Gottheit anwesend ist. Aktive Teilnahme muß von dieser latreutischen Haltung getragen sein. (Vgl. Comm 13/2, 1981, S. 409–411).

A. Die Feier der Eucharistie (cc. 899–933)

1. *Der Träger der Eucharistiefeier (cc. 900–911)*

1.1. *Gültige und erlaubte Trägerschaft (c. 900)*

a) Allein der gültig geweihte Priester ist jener Amtsträger, der befähigt ist, in der Person Christi das eucharistische Opfer zu vollziehen (c. 900 § 1).

b) Erlaubterweise feiert ein Priester, der vom Gesetz nicht gehindert ist, die heilige Eucharistie, wenn er sich an folgende Bestimmungen hält:
Gemäß kirchlichem Gesetz dürfen die Eucharistie nicht feiern: exkommunizierte (c. 1331 § 1 n. 1), interdizierte (c. 1332) sowie suspendierte (c. 1333 § 1 n. 1) Priester. Die Suspension muß das Verbot der Eucharistiefeier aber im Strafgesetz oder Strafgebot ausdrücklich androhen oder im Strafverhängungsurteil bzw. -dekret aussprechen, oder es muß sich um eine von selbst eintretende Suspension handeln (c. 1334). Steht in Lebensgefahr das Seelenheil der Gläubigen auf dem Spiel, hebt das Gesetz selbst das Verbot der Zensur, die Eucharistie zu feiern, auf. Dasselbe Verbot aus einer von selbst eintretenden nicht erklärten Zensur wird außerdem durch die Bitte des Gläubigen um das Sakrament aufgehoben. Diese Bitte ist aus jedem gerechten Grund gestattet (c. 1335).
Die Weihegewalt selbst wird keinem Priester durch eine kirchliche Strafmaßnahme genommen (c. 1338 § 2).

1.2. *Uneingeschränkte Applikation für Lebende und Verstorbene (c. 901)*

Der Priester darf die heilige Messe für alle applizieren, sowohl für Lebende als auch für Verstorbene.

1.3. *Zelebration in Gemeinschaft (c. 902)*

Wenn nicht der Nutzen der Gläubigen etwas anderes fordert oder rät, können Priester die Eucharistie konzelebrieren. Für die einzelnen Priester bleibt jedoch die Freiheit unberührt, die Eucharistie in Einzelzelebration zu feiern, jedoch nicht zu derselben Zeit, in der in der Kirche oder Kapelle eine Konzelebration stattfindet (c. 902; vgl. SC 57).

1.4. *Ausweispflicht für nicht bekannte Priester (c. 903)*

Ein Kirchenrektor muß einen ihm unbekannten Priester zur Zelebration zulassen, wobei dieser entweder ein Empfehlungsschreiben seines Oberhirten oder Ordensoberen, das nicht älter als ein Jahr sein darf, vorzuweisen hat (Zelebret) oder der Kirchenrektor vernünftigerweise annehmen kann, daß der Priester an der Meßfeier von Rechts wegen nicht gehindert ist.

1.5. *Empfehlung der häufigen Meßfeier (c. 904)*

Während c. 805 CIC/1917 nur eine äußerste Grenze fixiert hatte, empfiehlt das neue Recht den Priestern, die Eucharistie häufig zu feiern, da sie eingedenk sein sollen, daß im eucharistischen Opfer das Erlösungswerk ununterbrochen vollzogen wird. Sogar die tägliche Meßfeier wird dringend empfohlen, die auch dann, wenn eine Teilnahme der Gläubigen nicht möglich ist, eine Handlung Christi und der Kirche darstellt, in der die Priester ihren vorzüglichen Dienst ausüben.

1.6. *Mehrfache Meßfeier am Tag (c. 905)*

a) Binationsverbot als Prinzip (c. 905 § 1):
Außer an den Tagen, an denen es nach der Vorschrift des Rechts gestattet ist, die Eucharistie mehrmals am Tag zu zelebrieren oder zu konzelebrieren, ist es dem Priester nicht erlaubt, öfter als einmal am Tag zu zelebrieren.
(Bei den Ausnahmen ist vor allem an die in den liturgischen Büchern gebotenen Möglichkeiten mehrmaliger Meßfeier zu denken wie z. B. Weihnachten, Allerseelen.)

b) Ausnahmegewährung durch den Ortsoberhirten (c. 905 § 2): Wegen Priestermangels kann der Ortsordinarius gestatten, daß der Priester aus gerechtem Grund zweimal am Tag, ja sogar, wenn es die pastorale Situation erfordert, auch dreimal an Sonn- und gebotenen Feiertagen zelebriert.

1.7. *Meßfeier ohne Volksbeteiligung (c. 906)*

Ohne gerechten und vernünftigen Grund darf der Priester das eucharistische Opfer nicht ohne Beteiligung zumindest eines Gläubigen feiern.

1.8. *Unübertragbarkeit der dem Priester vorbehaltenen Gebete (c. 907)*

Bei der Eucharistiefeier ist es Diakonen und Laien nicht erlaubt, Gebete, besonders das eucharistische Hochgebet, vorzutragen oder Handlungen auszuführen, die dem Aufgabenkreis des zelebrierenden Priesters zugehörig sind. (Vgl. auch die Norm über die Rollenverteilung in der Liturgie, c. 899 § 2.)

1.9. *Verbot der Konzelebration mit nichtkatholischen Amtsträgern (c. 908)*

Katholischen Priestern ist es verboten, zusammen mit Priestern oder Amtsträgern der Kirchen oder kirchlichen Gemeinschaften, die nicht in voller Gemeinschaft mit der katholischen Kirche stehen, die Eucharistie zu konzelebrieren.
(Vgl. die Sanktion in c. 1365: Wer sich einer verbotenen Gemeinschaft in geistlichen Vollzügen [communicatio in sacris] schuldig macht, muß mit gerechter Strafe bestraft werden. Ein Strafbefehl.)

1.10. *Geistliche Vorbereitung (c. 909)*

Der Priester soll es nicht unterlassen, sich auf die Meßfeier durch Gebet gebührend vorzubereiten und nachher Gott Dank zu sagen.

1.11. *Ausspendung der heiligen Kommunion (c. 910)*

Ordentlicher Spender der heiligen Kommunion ist der Bischof, der Priester und der Diakon (c. 910 § 1). Außerordentlicher Spender ist der Akolyth sowie jeder andere gemäß c. 230 § 3 (zum außerordentlichen Kommunionspender) bestellte Gläubige („christifidelis“ bedeutet Mann und Frau) (c. 910 § 2).

1.12. *Spendung der Wegzehrung (viaticum) (c. 911)*

Von Amts wegen Verpflichtete: Pflicht und Recht, die heilige Eucharistie als Wegzehrung zu den Kranken zu tragen, haben die Pfarrer (c. 530 n. 3) und die Pfarrvikare (d. h. Kapläne, c. 545 § 1), die Anstaltsseelsorger (capellani, c. 564) sowie der Obere der Gemeinschaft in klerikalen Re-

ligioseninstituten (d. h. priesterlichen Orden und Kongregationen) sowie in Gesellschaften des apostolischen Lebens (c. 731 § 1) in bezug auf alle, die sich im Haus aufhalten (c. 911 § 1). Im Dringlichkeitsfall Verpflichtete: Im Dringlichkeitsfall und mit der wenigstens präsumierten Erlaubnis des Pfarrers, Anstaltsseelsorgers oder Ordensoberen, die nachher zu benachrichtigen sind, ist jeder Priester oder andere Kommunionspender zur Übertragung der Wegzehrung verpflichtet.
Auch die außerordentlichen Kommunionspender sind im neuen Recht zur Übertragung der Wegzehrung verpflichtet (c. 911 § 2).

2. *Die Teilnehmer an der Eucharistiefeier (cc. 912–923)*

2.1. *Grundrecht aller Getauften (c. 912)*

Jeder Getaufte, dem es vom Recht nicht verboten ist, kann und muß zur heiligen Kommunion zugelassen werden. Die Regelung für nichtkatholische Christen (c. 844 §§ 1–5) siehe oben S. 86ff.

2.2. *Kommunionspendung an Kinder (cc. 913 +914)*

a) Regelfall (c. 913 § 1):
Damit die heilige Eucharistie Kindern gespendet werden kann, ist erforderlich, daß sie hinreichende Kenntnis besitzen und entsprechend vorbereitet sind, so daß sie das Geheimnis Christi ihrem Fassungsvermögen entsprechend begreifen und den Leib des Herrn mit Glauben und Ehrfurcht zu empfangen vermögen.

b) Ausnahmefall Lebensgefahr (c. 913 § 2):
Kindern in Lebensgefahr kann die heilige Eucharistie gespendet werden, wenn sie den Leib des Herrn von einer gewöhnlichen Speise unterscheiden und die Kommunion ehrfürchtig empfangen können.

c) Verantwortliche für die rechte Vorbereitung der Kinder (c. 914):
– Vor allem die Eltern und ihre Stellvertreter, aber auch die Pfarrer haben die Pflicht, dafür zu sorgen, daß die

Kinder, die den Vernunftgebrauch erreicht haben, gebührend vorbereitet werden und möglichst bald, nach vorhergehender sakramentaler Beichte, mit dieser göttlichen Speise genährt werden.

- Der Pfarrer hat darüber zu wachen, daß keine Kinder die heilige Kommunion empfangen, die den Vernunftgebrauch noch nicht erlangt haben oder die nach seinem Urteil nicht genügend vorbereitet sind.

(Neu ist gegenüber dem früheren Recht, c. 854 §§ 1–5 CIC/1917, das ausdrücklich ausgesprochene Erfordernis der sakramentalen Beichte vor der Erstkommunion.)

2.3. *Freisein von Kirchenstrafen und Ehrverlust (c. 915)*

Zur heiligen Kommunion darf nicht zugelassen werden, wer durch einen strafverhängenden oder straferklärenden Urteilsspruch exkommuniziert oder mit Gottesdienstsperre (Interdikt) belegt worden ist sowie (auch) andere, die hartnäckig in offenkundiger schwerer Sünde verharren.

Anmerkung:

Den Exkommunizierten ist sowohl Feier der Sakramente als auch Sakramentenempfang verboten (c. 1331 § 1 n. 2), ebenso den mit Interdikt (Gottesdienstsperre) Belegten (c. 1332).
Sind diese Strafen durch hoheitlichen Spruch verhängt oder als eingetreten festgestellt worden, ist nach c. 915 der Spender der Eucharistie verpflichtet, sie vom Empfang zurückzuweisen. Sollte ein mit Spruchstrafe Behafteter versuchen, die ihm verbotenen Dienstfunktionen (c. 1331 § 1 n. 1; c. 1332) bei der Eucharistiefeier auszuüben, muß die heilige Handlung unterbrochen oder der Betreffende daran gehindert werden, außer es spricht ein schwerer Grund dagegen (c. 1331 § 2 n. 1; c. 1332).
Bei wiederverheirateten Geschiedenen gilt das Verbot der Sakramentenzulassung im Brief der Glaubenskongregation über die Unauflöslichkeit der Ehe vom 11. April 1973 (AfkKR 142, 1973, S. 84).
Über die Voraussetzungen für eine Zulassung der wiederverheirateten Geschiedenen zu Buße und Eucharistie vgl. Johan-

nes Paul II., Apostolisches Schreiben über die Aufgaben der christlichen Familie in der Welt von heute vom 22. November 1981, n. 84: „Die Wiederversöhnung im Sakrament der Buße, das den Weg zum Sakrament der Eucharistie öffnet, kann nur denen gewährt werden, welche ... die aufrichtige Bereitschaft zu einem Leben haben, das nicht mehr im Widerspruch zur Unauflöslichkeit der Ehe steht. Das heißt konkret, daß ... sie sich verpflichten, völlig enthaltsam zu leben, das heißt, sich der Akte zu enthalten, welche Eheleuten vorbehalten sind.“ Dem Leben in Liebe dienen, Herder, Freiburg, 1982, S. 157.
Die genannte Voraussetzung gilt als Kriterium für die erforderliche Disposition für die Erteilung der Lossprechung im Bußsakrament (cc. 843 § 1, 980, 987). Für eine öffentliche Zulassung zur Eucharistie, wo ihre Situation bekannt ist, müßten die Betreffenden außerdem den Beweis erbringen, daß sie trotz ihres Lebensstandes nicht in einer offenkundig schweren Sünde hartnäckig verharren wollen (vgl. c. 915), was nur durch den geäußerten Willen zur Ordnung der Ehe und durch eine entsprechende sittliche und religiöse Lebensführung als öffentliches Zeichen des Besserungswillens möglich ist.

2.4. *Freisein von schwerer Sünde (c. 916)*

Wer sich einer schweren Sünde bewußt ist, darf ohne vorherige sakramentale Beichte weder die Messe feiern noch den Leib des Herrn empfangen, außer es liegt ein schwerwiegender Grund vor und es besteht keine Beichtgelegenheit. Im letzteren Fall soll der Betroffene darauf achten, daß er verpflichtet ist, einen Akt vollkommener Reue zu erwekken, der den Vorsatz einschließt, sobald als möglich zu beichten.

2.5. *Häufigkeit des Kommunionempfanges (c. 917)*

Wer die heilige Eucharistie schon empfangen hat, kann sie am selben Tag ein zweites Mal nur innerhalb einer Eucharistiefeier empfangen, an der er teilnimmt, ausgenommen die Wegzehrung in Lebensgefahr (c. 921 § 2).

Anmerkung:

Diese neue Bestimmung entspricht dem von fast allen Begutachtungsinstanzen vorgetragenen Wunsch, der Kommunionempfang möge möglich sein, sooft jemand eine Messe mitfeiert. Die neue Möglichkeit möchte nicht einer „Quantifizierung“ der Eucharistie Vorschub leisten, sondern nur der Zusammengehörigkeit von Opfer Jesu und Opfermahl Rechnung tragen. Die früheren Entwürfe und die Meinung der Kommission zeigen deutlich, daß eine zweite Mitfeier der Messe am selben Tag mit Kommunionempfang einen entsprechenden geistlichen Anlaß haben soll, vor allem eine vertiefte Erfahrung der kirchlichen „communio“ (z. B. Meßfeier mit dem Bischof) (Comm 13/2, 1981, S. 414f.).

2.6. *Kommunionempfang innerhalb der Messe als Regel (c. 918)*

Es wird sehr empfohlen, daß die Gläubigen innerhalb der Eucharistiefeier die Kommunion empfangen. Wenn sie aus gerechten Gründen bitten, soll sie ihnen auch außerhalb der Messe gespendet werden, unter Beachtung der vorgeschriebenen liturgischen Riten.

Anmerkung:

Die Kommission wünscht ausdrücklich eine Erziehung der Gläubigen zum Kommunionempfang innerhalb der Messe. Wenn eine Mitfeier der Messe nicht möglich ist, soll die Kommunion immer in Verbindung mit einem entsprechenden Wortgottesdienst gespendet werden (Comm 13/2, 1981, S. 415f.).

2.7. *Eucharistische Nüchternheit (c. 919)*

a) Allgemeine Regel (c. 919 § 1):
Wer die heilige Kommunion empfangen möchte, muß sich durch einen Zeitraum von wenigstens einer Stunde vor dem Kommunionempfang von jeder Speise und jedem Trank enthalten, ausgenommen bloß Wasser und Medizin.

b) Sonderregelung für mehrfach zelebrierende Priester (c. 919 § 2):
Ein Priester, der am selben Tag zweimal oder dreimal die Eucharistie feiert, kann vor der zweiten oder dritten Zelebration etwas zu sich nehmen, auch wenn kein Zeitraum einer Stunde dazwischenliegt.

c) Sonderregelung für ältere und kranke Menschen und ihr Pflegepersonal (c. 919 § 3):
Ältere und an einer Krankheit leidende Gläubige sowie jene, die ihnen Pflege angedeihen lassen, können die Eucharistie empfangen, auch wenn sie innerhalb der vorhergehenden Stunde etwas zu sich genommen haben.

2.8. *Jährliche Kommunion als Pflicht (c. 920)*

a) Mindestgrenze (c. 920 § 1):
Jeder Gläubige ist verpflichtet, nachdem er die erste heilige Kommunion empfangen hat, wenigstens einmal im Jahr die heilige Kommunion zu empfangen.

b) Zeitpunkt (c. 920 § 2):
Dieses Gebot muß zur österlichen Zeit erfüllt werden, außer es wird aus einem gerechten Grund an einem anderen Zeitpunkt innerhalb des Jahres erfüllt.

Anmerkung:

Neu ist:

a) Der Verpflichtungsbeginn der Pflicht zur jährlichen Kommunion, die Erstkommunion. Das Unterscheidungsalter (c. 859 § 1 CIC/1917) konnte nicht mehr als Verpflichtungsbeginn herangezogen werden, da die Kinder häufig erst später zur Erstkommunion geführt werden.

b) Aus einem gerechten Grund kann die Pflicht der jährlichen Kommunion auch außerhalb der österlichen Zeit erfüllt werden. Die gewährten Verlängerungen der österlichen Zeit und Ersuchen um Fakultativstellung durch Begutachtungsinstanzen haben die Neuregelung veranlaßt (Comm 13/2, 1981, S. 417 f.). Eine eigene Empfehlung des häufigen, ja täglichen Empfangs der Kommunion wurde in das Gesetzbuch nicht aufgenommen, da die fruchtbaren Wirkungen des Eucharistieempfanges bereits im „theologischen Statement" des c. 897 und die Empfehlung des häufigen Empfangs (durch Hinzufügung von „et frequenter") in c. 898 ausreichend ausgesprochen sind. Die Kommission war gegenüber einer gesetzlichen Empfehlung des täglichen Empfangs eher zurückhaltend (Comm 13/2, 1981, S. 418).

2.9. *Eucharistie als Wegzehrung (cc. 921 +922)*

a) Anlaß für den Empfang:
Gläubige, die sich in Lebensgefahr befinden (gleichgültig aus welchem Grund) sollen die heilige Kommunion als Wegzehrung empfangen (c. 921 § 1). Auch wenn sie am betreffenden Tag schon kommuniziert haben, ist es dennoch sehr geraten, daß sie, wenn sie in Lebensgefahr geraten, neuerlich kommunizieren (c. 921 § 2). Dauert die Lebensgefahr an, ist die öftere Spendung der heiligen Kommunion an jeweils verschiedenen Tagen empfohlen (c. 921 § 3).

b) Verantwortlichkeiten:
Die Wegzehrung soll nicht zu sehr aufgeschoben werden. Seelsorger sollen sorgfältig wachen, daß die Kranken sie bei vollem Bewußtsein empfangen (c. 922).

2.10. *Ritusfreiheit (c. 923)*

Die Mitfeier der Messe und der Kommunionempfang sind in jedem katholischen Ritus gestattet. Für die nichtkatholischen Riten gilt c. 844.

3. *Riten und Zeremonien bei der Eucharistiefeier (cc. 924–930)*

3.1. Dafür gelten die Bestimmungen der amtlichen liturgischen Bücher (vor allem Missale Romanum).

3.2. *Erleichterungen für kranke und ältere Priester (c. 930)*

Kranke oder ältere Priester, die nicht stehen können, dürfen sitzend die Eucharistie feiern, freilich unter Beachtung

der liturgischen Vorschriften. Für eine solche Zelebration vor dem Volk ist eine Erlaubnis des Ortsoberhirten erforderlich (c. 930 § 1).
Ein erblindeter Priester darf erlaubterweise jeden approbierten Meßtext verwenden. Wenn es möglich ist, soll ein anderer Priester, Diakon oder auch ein recht unterwiesener Laie dabei anwesend sein und helfen (c. 930 § 2).

4. *Ort und Zeit der Eucharistiefeier (cc. 931–933)*

4.1. *Zeit:*

Jene Tage ausgenommen, an denen es die liturgischen Vorschriften verbieten, kann die Eucharistie an jedem Tag und zu jeder Stunde gefeiert und ausgeteilt werden (c. 931).

4.2. *Ort:*

a) Die Eucharistie soll an einem heiligen Ort gefeiert werden, außer die Notwendigkeit erfordert im Einzelfall etwas anderes. Dann soll sie wenigstens an einem geziemenden Ort gefeiert werden (c. 932 § 1).
b) Das eucharistische Opfer soll auf einem geweihten oder gesegneten Altar gefeiert werden; außerhalb eines heiligen Ortes kann ein geeigneter Tisch verwendet werden. Altartuch und Korporale sollen aber immer vorhanden sein (c. 932 § 2).
c) Im Gotteshaus einer Kirche oder kirchlichen Gemeinschaft, die nicht in voller Gemeinschaft mit der katholischen Kirche steht, darf der Priester die Eucharistie aus einem gerechten Grund und mit ausdrücklicher Erlaubnis des Ortsordinarius feiern, vorausgesetzt, daß kein Ärgernis entsteht (c. 933).

5. *Aufbewahrung und Verehrung der heiligen Eucharistie (cc. 934–944)*

5.1. *Aufbewahrung*

Die heilige Eucharistie muß in der Kathedralkirche oder der ihr gleichgestellten Kirche, in jeder Pfarrkirche und in

jeder Kirche oder Kapelle, die einem Haus eines Religioseninstituts oder einer Gesellschaft des apostolischen Lebens angeschlossen ist, aufbewahrt werden (c. 934 § 1 n. 1).
Die heilige Eucharistie darf in der Privatkapelle des Bischofs und mit Erlaubnis des Ortsoberhirten in anderen Kapellen (oratoria, c. 1223) und Privatkapellen (sacella, c. 1226) aufbewahrt werden (c. 934 § 1 n. 2). Voraussetzung für die Aufbewahrung der Eucharistie an heiligen Orten ist die ständige Anwesenheit einer Person, die für sie Sorge trägt und (soweit es durchführbar ist) daß wenigstens zweimal im Monat eine heilige Messe gefeiert wird.
Nur bei dringender seelsorglicher Notwendigkeit und unter Beobachtung der Vorschriften des Diözesanbischofs darf jemand die heilige Eucharistie bei sich aufbewahren oder unterwegs mit sich führen (c. 935).
Im Haus eines Religioseninstituts oder in einem anderen frommen Haus soll die heilige Eucharistie nur in der Kirche oder in der dem Haus angeschlossenen Hauptkapelle aufbewahrt werden. Der Ordinarius kann jedoch aus einem gerechten Grund die Aufbewahrung des Allerheiligsten in einer anderen Kapelle desselben Hauses gestatten (c. 936).
Wenn nicht ein schwerwiegender Grund dagegen spricht, soll die Kirche, in der die heilige Eucharistie aufbewahrt wird, wenigstens einige Stunden täglich den Gläubigen für die Anbetung des Allerheiligsten Sakraments offenstehen (c. 937).

5.2. *Vorschriften über den Tabernakel*

Die heilige Eucharistie soll für ständig nur in einem (einzigen) Tabernakel der Kirche oder Kapelle aufbewahrt werden (c. 938 § 1).
Der Tabernakel, in dem die heilige Eucharistie aufbewahrt wird, soll sich an einem hervorstechenden, sichtbaren, geschmückten und zum Gebet geeigneten Ort in der Kirche befinden (c. 938 § 2).
Der Tabernakel, in dem die heilige Eucharistie ständig aufbewahrt wird, muß unbeweglich, aus festem, nicht durchsichtigem Material gefertigt und so verschlossen sein, daß jede Profanierungsgefahr soweit als möglich ausgeschlossen ist (c. 938 § 3).

Aus schwerwiegendem Grund ist es erlaubt, die heilige Eucharistie, besonders zur Nachtzeit, an einem besser gesicherten und geziemenden Ort aufzubewahren (c. 938 § 4).
Wer für die Kirche oder Kapelle die Sorge übernommen hat, muß den Schlüssel des Tabernakels, in dem die heilige Eucharistie aufbewahrt wird, aufs sorgfältigste hüten (c. 938 § 5).
In einer den Bedürfnissen der Anzahl der Gläubigen entsprechenden Menge sollen in einem Speisekelch (in pyxide seu vasculo) konsekrierte Hostien aufbewahrt werden, die nach dem geziemenden Verbrauch der alten häufig zu erneuern sind (c. 939).
Vor dem Tabernakel, in dem die heilige Eucharistie aufbewahrt wird, muß dauernd eine besondere Lampe brennen, die Christi Anwesenheit anzeigt und ehrt (c. 940).

5.3. *Verehrung der heiligen Eucharistie*

a) Aussetzung:
In Kirchen und Kapellen (Oratorien), in denen die heilige Eucharistie aufbewahrt werden darf, können Aussetzungen sowohl mit dem Speisekelch als auch mit der Monstranz vorgenommen werden, gemäß den Vorschriften der liturgischen Bücher (c. 941 § 1). Während der Meßfeier darf im selben Raum (aula) der Kirche oder Kapelle keine Aussetzung des Allerheiligsten stattfinden (c. 941 § 2).

b) Anbetungstag:
Es wird empfohlen, daß in den angeführten Kirchen und Kapellen jährlich eine feierliche Aussetzung des Altarssakraments eine entsprechende Zeitspanne hindurch, wenn auch nicht ununterbrochen, vorgenommen wird, damit die örtliche Gemeinschaft das eucharistische Geheimnis tiefer durchdenkt und anbetet.
Eine solche Aussetzung soll aber nur bei einer zu erwartenden angemessenen Volksbeteiligung und unter Beobachten der erlassenen Vorschriften vorgenommen werden (c. 942).

c) Die zur Aussetzung des Allerheiligsten Berechtigten:
Vollzieher der Aussetzung des Allerheiligsten und des

eucharistischen Segens ist der Priester oder Diakon; unter besonderen Umständen dürfen Akolythen, außerordentliche Kommunionspender oder vom Ortsoberhirten Bestellte die Aussetzung und die Einsetzung vornehmen, jedoch keinen Segen spenden. Die Vorschriften des Diözesanbischofs sind dabei zu beachten (c. 943).

d) Fronleichnamsfest:
Vor allem am Fronleichnamsfest soll, wo es nach dem Urteil des Diözesanbischofs geschehen kann, eine Prozession als öffentliches Zeugnis der Verehrung der heiligen Eucharistie durch die öffentlichen Straßen geführt werden (c. 944 § 1).
Sache des Diözesanbischofs ist es, für diese Prozessionen Anordnungen zu erlassen, damit so für die Teilnahme und Würde und für eine würdige Feier Vorsorge getroffen wird (c. 944).

B. Die Meßstipendien (cc. 945–958)

Vgl. Paul VI., MP Firma in traditione, 13. Juni 1974, NKD 46, S. 98–105. Vgl. A. Mayer, Triebkräfte und Grundlinien der Entstehung des Meßstipendiums, MthSt III 34, St. Ottilien 1976.

1. *Legitimität und Sinn (cc. 945 +946)*

Nach anerkanntem kirchlichen Brauch darf jeder zelebrierende oder konzelebrierende Priester ein angebotenes Stipendium annehmen, damit er die Messe auf eine bestimmte Meinung feiere (c. 945 § 1).
Den Priestern wird dringend empfohlen, die Messe auch ohne empfangenes Stipendium auf die Meinung der Gläubigen, besonders der bedürftigen, zu feiern (c. 945 § 2).
Gläubige, die ein Stipendium geben, damit die Messe auf ihre Meinung gefeiert werde, tragen zum Wohl der Kirche bei und nehmen Anteil an ihrer Sorge, indem sie durch diese Gabe den Unterhalt der Amtsträger und die Werke (der Kirche) unterstützen (c. 946).

2. *Verpflichtungen (cc. 947–951; 953+954)*

Jeder Anschein von Handel oder Geschäft muß vom Meßstipendium gänzlich ferngehalten werden (c. 947).
Für jedes Stipendium, das für eine einzelne Messe gegeben und angenommen wurde, auch wenn es noch so niedrig ist, muß eine eigene Messe auf die entsprechende Meinung gefeiert werden (c. 948).
Die Pflicht der Meßfeier und Applikation auf die Meinung der Geber bleibt für den Empfänger bestehen, auch wenn die Stipendien ohne Schuld des Empfängers zugrundegegangen sind (c. 949).
Wenn eine Summe gegeben wurde für die Applikation von Messen ohne genaue Angabe ihrer Zahl, muß diese nach der am Aufenthaltsort des Gebers festgesetzten Stipendienhöhe berechnet werden, außer es kann mit berechtigter Vermutung eine andere Absicht des Gebers angenommen werden (c. 950).
Bei mehrmaliger Meßfeier am selben Tag darf jede Messe auf eine Meinung gefeiert werden, für die ein Stipendium gegeben wurde, doch muß der Priester, ausgenommen am Weihnachtsfest, bis auf ein Stipendium diese für vom Ordinarius vorgeschriebene Zwecke abgeben. Dem Priester gebührt nicht nur eine Entschädigung aus einem äußeren Grund (der nicht in der Applikation des Meßopfers liegt, z. B. weiter Weg; c. 951 § 2).
Niemand darf mehr Meßstipendien für selbst zu applizierende Messen annehmen, als er innerhalb eines Jahres auch feiern kann (c. 953).
Werden in Kirchen oder Kapellen mehr Messen erbeten, als dort gefeiert werden können, dürfen diese auch anderswo gefeiert werden, außer die Geber hätten ausdrücklich eine gegenteilige Absicht geäußert (c. 954).

Anmerkung:

Alle diese Verpflichtungen ergeben sich zwangsläufig aus dem Wesen der Gabe und Annahme von Meßstipendien als Treuhandvertrag und sind vom Gedanken beherrscht, Mißbräuchen zu begegnen. Mörsdorf Lb II, S. 46).

3. *Festsetzung der Höhe des Stipendiums (c. 952)*

Die Höhe der Meßstipendien setzt das Provinzialkonzil (c. 440 § 1) oder die Versammlung der Bischöfe der Provinz durch Dekret für die ganze Kirchenprovinz fest. Der Priester darf keine höhere Summe verlangen. Er darf aber ein freiwillig gegebenes höheres, aber auch ein niedrigeres Stipendium annehmen (c. 952 § 1). Wo ein solches Dekret fehlt, gilt die in der Diözese herrschende Gewohnheit (c. 952 § 2). An das Dekret oder die Gewohnheit des Ortes sind auch die Mitglieder der Religioseninstitute gebunden (c. 952 § 3).

4. *Weitergabe der Stipendien (cc. 955 +956)*

Die Weitergabe von Meßstipendien ist nur an persönlich bekannte Priester gestattet, die für den Geber mit Sicherheit über jeden Verdacht erhaben sind. Es muß das vollständige Stipendium weitergegeben werden, außer es steht fest, daß der über die in der Diözese geltende Höhe hinaus gegebene Betrag angesichts der Person des Empfängers gegeben wurde. Die Verantwortung für die tatsächliche Feier der Messe lastet auf dem Weitergebenden solange, bis er sowohl von der Übernahme der Verpflichtung als auch vom Empfang des Stipendiums Bestätigung erhalten hat (c. 955 § 1). Die Frist, innerhalb derer die Messen zu feiern sind, beginnt mit dem Tag, an dem der Priester, der sie feiern wird, die Stipendien erhalten hat, außer es steht etwas anderes fest (c. 955 § 2).

Wer Meßstipendien an andere weitergibt, muß unverzüglich sowohl die Messen, die er selber übernommen hat, als auch die weitergegebenen Messen in ein Buch eintragen und dazu auch die Höhe der Stipendien anführen (c. 955 § 3). Jeder Priester muß sowohl die übernommenen als auch die bereits gefeierten Messen sorgfältig schriftlich festhalten (c. 955 § 4). Alle und jeder einzelne Verwalter frommer Vermächtnisse oder irgendwie für die Persolvierung von Meßverpflichtungen Verantwortliche, ob Kleriker oder Laie, muß jene Meßverpflichtungen, die innerhalb eines Jahres nicht erfüllt worden sind, in der von seinem Ordinarius festzusetzenden Weise diesem übergeben (c. 956).

5. *Aufsichtspflicht (cc. 957 + 958)*

Aufsichtspflicht und Aufsichtsrecht über die Erfüllung von Meßverpflichtungen obliegen in Kirchen des Weltklerus dem Ortsoberhirten, in Kirchen der Religioseninstitute und der Gesellschaften des apostolischen Lebens den jeweiligen Oberen (c. 957).
Der Pfarrer und der Rektor einer Kirche oder eines anderen frommen Ortes, an dem Meßstipendien angenommen werden, müssen ein eigenes Buch führen, in dem sie genau die Zahl der zu feiernden Messen, die Intention, die Höhe des gegebenen Stipendiums und die vollzogene Meßfeier eintragen (c. 958 § 1).
Der Ordinarius ist verpflichtet, dieses Buch alljährlich selbst oder durch andere zu überprüfen (c. 958 § 2).

VI. Sakrament der Buße (cc. 959–997)

C. 959 stellt ein theologisches „Statement" dar (vgl. c. 870 CIC/1917; LG 11, PO 5).

A. Feier des Bußsakraments (cc. 960–964)

1. *Ordentliche Weise der Spendung des Bußsakraments: die Einzelbeichte (c. 960)*

Das persönliche und vollständige Bekenntnis und die Lossprechung bilden die einzige ordentliche Weise der Wiederversöhnung eines Gläubigen mit Gott und der Kirche. Nur physische oder moralische Unmöglichkeit entschuldigen vom persönlichen Bekenntnis und lassen eine andere Weise der Versöhnung zu.
Diese andere Weise der Versöhnung ist die mehreren zugleich erteilte sakramentale Lossprechung („Generalabsolution"), wie sie in den cc. 961–963 geregelt wird. Nur innerhalb der dort gezogenen Grenzen kann physische oder moralische Unmöglichkeit geltend gemacht werden.

2. *Außerordentliche Weise der Spendung des Bußsakramentes: die Generalabsolution*

2.1. Die sakramentale Lossprechung kann mehreren Gläubigen gemeinsam ohne vorheriges persönliches Bekenntnis nicht erteilt werden, außer
- es droht Todesgefahr und die Zeit reicht nicht aus, daß der oder die Priester die Beichten der einzelnen Pönitenten hören;
- ein dringender Notstand (gravis necessitas) liegt vor, der dann gegeben ist, wenn angesichts der Zahl der Pönitenten eine ausreichende Anzahl von Beichtvätern nicht zur Verfügung steht, um innerhalb einer entsprechenden Zeit die Einzelbeichten gebührend hören zu können, so daß die Gläubigen ohne eigene Schuld gezwungen wären, der sakramentalen Gnade und der heiligen Kommunion entbehren zu müssen. Ein solcher Notstand wird aber nicht als hinreichend erachtet, wenn Beichtväter (für das angemessene Hören von Einzelbeichten) nicht zur Verfügung stehen allein wegen des großen Zulaufs der Pönitenten, wie es bei großen Festen oder Wallfahrten geschehen kann (vgl. c. 961 § 1).

2.2. Das Urteil über das Vorliegen der Bedingungen für einen dringenden Notstand nach can. 961 § 1 n. 2 steht dem Diözesanbischof zu; er kann die Fälle solcher Notlagen bestimmen, unter Beachtung der mit den übrigen Mitgliedern der Bischofskonferenz abgestimmten Kriterien (961 § 2).

Anmerkung:

Anders als in n. V der seelsorglichen Richtlinien für die Erteilung der sakramentalen Generalabsolution der Kongregation für die Glaubenslehre vom 16. Juni 1972 (NKD 42, S. 13) ist der einzelne Priester nicht mehr berechtigt, beim Eintritt eines anderen schweren Notfalles außerhalb der vom Ortsordinarius als für zureichend erklärten (mit vorher eingeholter Erlaubnis oder unter der Auflage der Meldungspflicht, wenn die Erlaubnis nicht mehr eingeholt werden konnte) die Generalabsolution zu erteilen. Die abgeschaffte Norm bot Anlaß für zu ununterschiedenen Gebrauch der sakramentalen Generalabsolution (Comm X/1, 1978, S. 53).

2.3. Außer der übrigen erforderlichen Disposition ist der gleichzeitige Vorsatz, zu gebührender Zeit alle schweren Sünden zu beichten, die jetzt nicht gebeichtet werden können, Voraussetzung für den gültigen Empfang der sakramentalen Generalabsolution (962 § 1).
Über die erforderliche Disposition (c. 987) und über das Erfordernis des Vorsatzes der persönlichen Beichte müssen die Gläubigen, wenn es möglich ist, sogar noch bei der Spendung der Generalabsolution belehrt werden, und in Todesgefahr, wenn die Zeit reicht, soll der Generalabsolution eine Ermahnung zu einem Akt der vollkommenen Reue vorausgeschickt werden (c. 962 § 2).

2.4. Unabhängig von der Pflicht der jährlichen Beichte (c. 989) ist jeder, dem in der Generalabsolution schwere Sünden nachgelassen worden sind, verpflichtet, möglichst bald, bei gegebener Gelegenheit, eine persönliche Beichte abzulegen, bevor er neuerlich die Generalabsolution empfängt, außer er ist durch einen gerechten Grund verhindert (c. 963).

3. *Der Ort der Spendung des Bußsakramentes*

3.1. Der eigentliche Ort der Spendung des Bußsakramentes ist die Kirche oder die Kapelle (zum Begriff „oratorium“ vgl. c. 1223: ein für den Gottesdienst einer Gemeinschaft oder Gruppe von Gläubigen mit der Erlaubnis des Ordinarius bestimmter Ort, zu dem aber auch die anderen Gläubigen mit der Zustimmung des Oberen Zutritt haben) (c. 964 § 1).

3.2. Hinsichtlich des Beichtstuhles müssen die Bischofskonferenzen Weisungen geben: an sichtbarer Stelle hat ein Beichtstuhl vorhanden zu sein, der für die Gläubigen, die das Bußsakrament zu empfangen wünschen, frei benützbar ist. Der Beichtstuhl muß mit einem Gitter versehen sein, welches den Pönitenten vom Beichtvater trennt (c. 964 § 2).

3.3. Außerhalb des Beichtstuhles dürfen Beichten nur aus gerechtem Grund entgegengenommen werden (c. 964 § 3).

B. Spender des Bußsakraments (cc. 965–986)

1. *Beichtvollmacht*

1.1. *Theologische Voraussetzungen: Weihegewalt und Beichtvollmacht*

Der Spender des Bußsakraments ist allein der Priester (A fortiori der Bischof) (c. 965).

Für den Spender ist außer der Weihegewalt eine Beichtvollmacht (facultas) über den Gläubigen erforderlich, ohne die das Bußsakrament nicht gültig gespendet werden kann (c. 966 § 1).

Anmerkung:

a) Terminologische Änderung: Die Beichtvollmacht heißt im neuen Recht „facultas". Die Bezeichnung „iurisdictio" wird der hoheitlichen Hirtengewalt in der Kirche (potestas regiminis, c. 129) vorbehalten.

b) Sinn dieser Bestimmung ist die Bindung des Bußsakraments an den Bischof. Die Beichtvollmacht kann einem Priester von Rechts wegen (ipso iure) zustehen oder ihm von der zuständigen Autorität gemäß c. 969 (durch einen Verwaltungsakt) verliehen werden (c. 966 § 2).

1.2. *Inhaber der von Rechts wegen verliehenen Beichtvollmacht für den ganzen Erdkreis*

a) Papst, Kardinäle, Bischöfe (c. 967 § 1)
Von Rechts wegen besitzen Beichtvollmacht für den

ganzen Erdkreis außer dem Papst die Kardinäle; ebenso die Bischöfe, die diese Vollmacht überall erlaubterweise gebrauchen dürfen, außer der Diözesanbischof hätte es im Einzelfall untersagt.
Die Vollmacht kommt allen Bischöfen zu, den Diözesanbischöfen und auch allen anderen, die im neuen Recht unter der Bezeichnung „Titularbischöfe“ zusammengefaßt werden (c. 376).

b) Alle Priester im Besitz habitueller (= dauernder) Beichtvollmacht (c. 967 § 2)
Alle Priester, die im Besitz habitueller (d. h. dauernder) Beichtvollmacht sind, sei es kraft ihres Amtes (c. 968 § 1) oder kraft Verleihung durch den Inkardinations- oder den Wohnsitzordinarius (c. 969 § 1), können diese Vollmacht überall ausüben, außer der Ortsoberhirte hat es im Einzelfall untersagt. (Dieses Verbot des Ortsoberhirten des jeweiligen Aufenthaltsortes hat allerdings Ungültigkeit des Beichthörens zur Folge: Comm X/1, 1978, S. 59). Eine delegierte habituelle Beichtvollmacht kann vom Ordinarius des Aufenthaltsortes auch entzogen werden, aber nur für seinen Kirchensprengel (c. 974 § 2), aus einem schwerwiegenden Grund (c. 974 § 1), wobei er den Entzug dem Inkardinationsordinarius bzw. dem zuständigen Ordensoberen melden muß (c. 974 § 3).

Anmerkung:

Die Neuerung von c. 967 § 2 besteht darin, daß jeder Priester, der im Besitze ständiger Beichtvollmacht kraft Amtes oder kraft Verleihung ist, diese auch überall ausüben kann. Um der Verantwortung des Ortsoberhirten des jeweiligen Aufenthaltsortes des ständig zum Beichthören bevollmächtigten Priesters für die Spendung des Bußsakramentes in seinem Sprengel zu entsprechen, wurde das 'Erfordernis der ständigen Beichtvollmacht verlangt, dem Ortsoberhirten aber auch die Möglichkeit eines (irritierenden) Verbots, aber auch des Entzugs einer delegierten Vollmacht für seinen Sprengel im Einzelfall eingeräumt (vgl. Comm X/1, 1978, S. 57f.).

c) Analoge Regelung für die Beichtvollmacht innerhalb von Religioseninstituten (c. 967 § 3).

Beichtväter, die kraft ihres Amtes gemäß c. 968 § 2 oder kraft Verleihung durch den zuständigen Oberen gemäß c. 969 § 2 mit Beichtvollmacht ausgestattet sind, besitzen diese kraft des Gesetzes überall zugunsten der Institutsangehörigen und aller ständig in einem Haus des Instituts Wohnenden und dürfen diese auch erlaubt ausüben, außer ein höherer Oberer hätte im Einzelfall ein Verbot ausgesprochen. Kraft ihres Amtes besitzen für den genannten Personenkreis Beichtvollmacht die Oberen eines Religioseninstituts oder einer Gesellschaft des apostolischen Lebens, wenn es sich um klerikale Institute päpstlichen Rechts handelt, deren Oberen nach den Konstitutionen hoheitliche Leitungsvollmacht besitzen (c. 968 § 2).

Das Verbot des höheren Oberen hat nach dem Wortlaut des c. 967 § 3 keine irritierende Wirkung. Eine delegierte Beichtvollmacht kann der höhere Obere einem sprengelfremden Beichtvater freilich entziehen, aber nur mit Wirkung für die eigenen Untergebenen (c. 974 § 4).

1.3. *Inhaber der Beichtvollmacht kraft Amtes für ihren Kirchensprengel*

a) Beichtvollmacht kraft ihres Amtes besitzen jeweils für ihren Amtsbereich der Ortsordinarius (c. 134 § 2), der Bußkanoniker (c. 508 § 1), der Pfarrer (c. 527 § 1) sowie die einem Pfarrer Gleichgestellten (die neue Rechtsfigur des Pfarradministrators gemäß cc. 539, 450, der eine vakante Pfarrei vorübergehend versorgt oder einen amtsbehinderten Pfarrer unterstützt) (c. 968 § 1).

Die Pfarrer haben ordentliche Beichtvollmacht nur für ihre Pfarrei, gewohnheitsrechtlich aber, zumindest in unseren Gebieten, für die ganze Diözese (Mörsdorf Lb II, S. 71).

Anmerkung:

Die Beichtvollmacht kraft des Amtes (ordentliche Beichtvollmacht) wird mit dem Amt erworben (Besitzergreifung z. B.

beim Diözesanbischof c. 382 § 3; Besitzeinweisung beim Pfarrer c. 527). Sie geht mit dem Verlust des Amtes verloren; c. 184 § 1 nennt als Ursachen des Amtsverlustes den Ablauf der Amtszeit, Erreichung der Altersgrenze, Verzicht, Versetzung, Absetzung, Amtsentzug. Als Ursachen des Amtsverlustes „ipso iure" nennt c. 194 § 1 Verlust des geistlichen Standes, öffentlicher Abfall vom Glauben oder der kirchlichen Einheit, zivile Eheschließung durch einen Kleriker.

1.4. *Bestimmungen für die Verleihung der Beichtvollmacht durch Verwaltungsakt der zuständigen Autorität*

a) Allein der Ortsordinarius ist zuständig für die Verleihung der Vollmacht zur Entgegennahme der Beichten aller Gläubigen (Weltchristen und Ordenschristen) an alle Priester (Diözesan- und Ordenspriester). Priester, die einem Religiosenverband angehören, sollen die Beichtvollmacht aber nicht ohne die wenigstens angenommene Zustimmung ihres Oberen ausüben (c. 969 § 1).
Der Obere eines Religiosenverbandes oder einer Gesellschaft des apostolischen Lebens, die klerikale Verbände päpstlichen Rechts sind und deren Oberen nach dem Verbandsrecht hoheitliche Verwaltungsvollmacht besitzen (c. 968 § 2), ist (ebenfalls) zuständig für die Verleihung der Beichtvollmacht an alle Priester, jedoch nur zur Entgegennahme der Beichten seiner Untergebenen und der anderen ständig im Haus des Verbandes Wohnenden (c. 969 § 2).

Anmerkung:

Zu c. 969 § 1: Im Bereich der territorial gegliederten Teilkirche ist nur der Ortsordinarius für die Delegation der Beichtvollmacht zuständig. Ortsordinarien sind: Papst, Diözesanbischöfe, die diesen gleichgestellten Vorsteher einer Prälatur oder Abtei mit eigenem Territorium, eines Apostolischen Vikariats oder einer Apostolischen Präfektur, einer für ständig errichteten Apostolischen Administratur sowie deren interimistische

Amtsnachfolger und die Inhaber hoheitlicher Verwaltungsvollmacht in diesen Teilkirchen (General-, Bischofsvikare) (vgl. c. 134 §§ 1, 2; c. 368). Nicht delegierbar ist daher die ordentliche Lossprechungsvollmacht des Bußkanonikers für den inneren Bereich (c. 508 § 1); aber auch nicht die ordentliche Beichtvollmacht des Pfarrers für den inneren Bereich. Ein diesbezüglicher Gesetzeswortlaut fehlt zwar, doch gilt wegen der gleichgebliebenen Natur der Lossprechungsvollmacht des Pfarrers und wegen der Rechtskontinuität (c. 21) die diesbezügliche Entscheidung der PCI vom 16. Oktober 1919 (AAS 11, 1919, S. 477) wohl weiter.
Zu c. 969 § 2: Da die Mitglieder priesterlicher Säkularinstitute nicht dem Säkularinstitut, sondern der Teilkirche, für die sie geweiht werden, inkardiniert werden, es sei denn, ein Institut hätte durch ein apostolisches Indult das Inkardinationsrecht erhalten, wird deren Beichtvollmacht wie bei Diözesanpriestern geregelt (vgl. c. 266 § 3; c. 715 § 1, § 2). Daher werden in c. 968 § 2 und c. 969 § 2 als delegationsberechtigte Inhaber der Beichtvollmacht kraft Amtes nur die Oberen der Religiosenverbände und der Gesellschaften des apostolischen Lebens in klerikalen Verbänden päpstlichen Rechts, aber nicht die Leiter von Säkularinstituten für Priester erwähnt.

b) Vor jeder Verleihung der Beichtvollmacht, nicht nur vor der ständigen Verleihung, ist eine Befähigungsprüfung vorgeschrieben, außer die Eignung des Priesters stünde anderweitig fest (c. 970).

c) Der Ortsordinarius darf einem Priester, der in seiner Diözese Wohnsitz oder Nebenwohnsitz hat, aber nicht der Diözese inkardiniert ist, die Beichtvollmacht für ständig nur verleihen, wenn er vorher dessen persönlichen Oberhirten gehört hat, insofern dies möglich ist (c. 971).

Anmerkung:

Nach c. 874 § 1 CIC/1917 konnte der Oberhirte des Ortes, wo die Beichte gehört werden sollte, jeden Weltpriester ohne Rückfrage delegieren. Die einzig mögliche Begrenzung bei der Dele-

gation der Beichtvollmacht ist die befristete Verleihung: c. 972. Andere Einschränkungen (c. 878 § 1 CIC/1917) sind nicht mehr vorgesehen. Die Bestimmungen über die reservierten Sünden (c. 893 § 1, § 2; c. 894 CIC/1917) sind aufgehoben. Die Erforderlichkeit einer besonderen Vollmacht für das Beichthören von Ordensfrauen und Novizinnen zur Gültigkeit und Erlaubtheit der Beichte nach c. 876 CIC/1917 wurde bereits durch das DecrSCRel vom 8. Dezember 1970 aufgehoben (vgl. NKD 36, S. 138–143).
Für die Verleihung einer ständigen (habituellen) Beichtvollmacht verlangt c. 973 die Schriftlichkeit.

1.5. *Bestimmungen über den Entzug der durch Verwaltungsakt verliehenen Beichtvollmacht (c. 974)*

a) Für den Entzug einer habituell (ständig) verliehenen Beichtvollmacht ist sowohl für den Ortsordinarius als auch für den zuständigen Ordensoberen ein schwerwiegender Grund erforderlich (c. 974 § 1).

b) Wird diese habituell verliehene Beichtvollmacht seitens des Inkardinations- oder Wohnsitzordinarius, der sie verliehen hat, widerrufen, verliert sie der betroffene Priester überall; widerruft sie ein anderer Ordinarius des Ortes, verliert er sie nur im Sprengel des Widerrufenden (c. 974 § 2).

c) Jeder Ortsordinarius, der irgendeinem Priester die Beichtvollmacht entzieht, muß den Inkardinationsordinarius des Priesters oder bei Angehörigen eines Religiosenverbandes den zuständigen Oberen verständigen (c. 974 § 3).

d) Entzieht der eigene höhere Obere einem Verbandsangehörigen die Beichtvollmacht, verliert dieser sie für alle Verbandsangehörigen überall; entzieht sie ihm ein anderer zuständiger Oberer, verliert er sie nur für die seinem Amtssprengel Unterstellten (c. 974 § 4).

e) Eine ständige Beichtvollmacht kraft Amtes geht durch Amtsverlust verloren; eine ständige Beichtvollmacht kraft Verleihung außer durch Widerruf auch durch die Exkardination oder durch den Verlust des Wohnsitzes

(d. h. wenn sie der Inkardinations- bzw. Wohnsitzoberhirte verliehen hat c. 967 § 2) (c. 975).

1.6. *Besondere Bevollmächtigungen von Rechts wegen („gesetzliche Delegationen") und Grenzen*

a) In Todesgefahr kann jeder Priester, auch wenn er keine Beichtvollmacht besitzt, jeden Pönitenten gültig und erlaubt von allen Zensuren und Sünden lossprechen, auch wenn ein bevollmächtigter Priester anwesend ist (c. 976).
Ist ein Pönitent in Todesgefahr von einer durch Urteil verhängten oder erklärten Zensur oder von einer dem Apostolischen Stuhl vorbehaltenen Kirchenstrafe losgesprochen worden, besteht für den Fall der Genesung Rekurspflicht: er muß sich innerhalb eines Monats unter der Rechtsfolge des Wiedereintritts der Strafe an den zuständigen Oberen wenden und dessen Weisungen gehorchen. Die Rekurspflicht kann aber auch der Beichtvater erfüllen, ohne Nennung des Namens des Pönitenten (vgl. c. 1357 § 2, § 3).

b) Die Lossprechung eines Mitschuldigen in einer Sünde gegen das sechste Gebot ist ungültig, außer in Todesgefahr (c. 977).

c) Gesetzliche Suppletion der fehlenden Beichtvollmacht (c. 144 § 1, § 2)
Bei Vorliegen eines allgemeinen Irrtums oder eines positiven, wohlbegründeten Zweifels, wobei aber ein bestimmter und wahrscheinlicher Grund für das Vorhandensein der Vollmacht spricht, ergänzt die Kirche sowohl für den inneren als auch für den äußeren Rechtsbereich die fehlende ausführende Leitungsgewalt (c. 144 § 1).
Diese Norm ist auch auf die fehlende Firmvollmacht des Priesters (c. 883), die fehlende Beichtvollmacht (c. 966) und die fehlende delegierte Trauungsvollmacht anzuwenden (c. 144 § 2).

2. *Beichthören und Lossprechen*

2.1. Auch das neue Gesetzbuch übernimmt die Mahnung des

Konzils von Trient, der Beichtvater solle sich wie ein Richter und Arzt verhalten (Conc. Trid., Sessio XIV, c. 8): c. 978 § 1; in einer Neuformulierung wird aber hinzugefügt, der Beichtvater habe sich als Amtsträger der Kirche treu an die Lehre des kirchlichen Lehramtes und an die von der kirchlichen Autorität erlassenen Normen zu halten (c. 978 § 2).

2.2. Bei Fragen soll sich der Beichtvater Klugheit und Zurückhaltung auferlegen, auf Lebensumstände und Alter des Pönitenten Rücksicht nehmen und keine Fragen nach dem Mitschuldigen stellen (c. 979).

2.3. Bei zweifellos vorhandener Disposition und bei Bitte um Lossprechung besteht Lossprechungspflicht ohne Aufschub (c. 980).

2.4. Die Auferlegung heilsamer und angemessener Bußwerke nach Art und Zahl der Sünden, doch unter Berücksichtigung der Lage des Pönitenten, ist ein wesentlicher Bestandteil des Bußsakraments. Der Pönitent ist verpflichtet, die Bußwerke persönlich zu leisten (c. 981).

2.5. Verhalten bei der Anklage der falschen Anschuldigung eines Beichtvaters bei der kirchlichen Obrigkeit wegen Verführung durch das Beichtkind (die einzige „ratione sui" im CIC/1917, c. 894, dem Apostolischen Stuhl reservierte Sünde) (c. 982).
Neuregelung: Der Beichtvater darf die Lossprechung nur bei vorherigem formalen Widerruf sowie bei Bereitschaft zur Schadenswiedergutmachung erteilen (c. 982). Nicht gesagt wird, vor welcher kirchlichen Autorität der Widerruf zu leisten ist.
Da die Möglichkeit des Vorbehalts von Sünden durch den Ordinarius (cc. 893, 895–900 CIC/1917) nicht mehr besteht und der Apostolische Stuhl auf den Vorbehalt des c. 894 CIC/1917 verzichtet hat, ist im neuen Codex keine Sünde mehr „ratione sui" reserviert.

2.6. Die Anzeigepflicht des Beichtkindes bei Verführung durch den Beichtvater und die Mahnpflicht des Beichtvaters, der davon erfährt (vgl. c. 904 CIC/1917) werden im neuen Recht nicht mehr gesetzlich normiert (vgl. Comm X/1, 1978, S. 65).

Verführung des Beichtkindes selbst wird aber auch im neuen Strafrecht mit schweren Strafen bedroht: Spruchstrafen von Suspension bis zur Entlassung aus dem Klerikerstand in schwereren Fällen (c. 1387).

2.7. Die Lossprechung eines Mitschuldigen (c. 977) wird mit der von selbst eintretenden Strafe der dem Apostolischen Stuhl vorbehaltenen Exkommunikation bedroht. Nur in Todesgefahr ist die Lossprechung eines Mitschuldigen gültig und erlaubt und ohne Strafe (c. 977).

3. *Beichtgeheimnis*

3.1. Das Beichtgeheimnis ist unverletzlich; deswegen ist es ein schweres Vergehen (nefas) für den Beichtvater, wenn er durch Worte oder auf irgendeine andere Weise oder aus irgendeinem Grund etwas aus der Beichte preisgibt (c. 983 § 1).

3.2. Zur Wahrung des Beichtgeheimnisses ist auch der etwa beigezogene Dolmetscher sowie jede andere Person verpflichtet, zu der auf irgendeine Weise Kenntnis des Inhalts einer Beichte gelangt ist (c. 983 § 2).
Strafbestimmungen:
Bei direktem Beichtsiegelbruch (Wissen aus der Beichte wird durch Worte, Schrift, Zeichen u. ä. mit der Bezeichnung des Pönitenten preisgegeben) verfällt der Beichtvater der von selbst eintretenden, dem Apostolischen Stuhl reservierten Exkommunikation (c. 1388 § 1); bei indirektem Beichtsiegelbruch (Wissen wird auf eine Weise preisgegeben, daß auf die Person des Pönitenten geschlossen werden kann) ist der Beichtvater je nach Schwere des Vergehens zu bestrafen (ebda). Der Dolmetscher und andere Personen mit Kenntnissen aus der Beichte sind für Beichtsiegelbruch mit gerechter Strafe, Exkommunikation nicht ausgeschlossen, zu bestrafen (c. 1388 § 2).

3.3. Auch wenn jede Gefahr der Verletzung des Beichtgeheimnisses ausgeschlossen ist, ist dem Beichtvater jeder Gebrauch des Wissens aus der Beichte, der für den Pönitenten eine Beschwernis bedeuten könnte, streng verboten (c. 984 § 1). (Auch wenn keine Belästigung des Pönitenten zu befürchten ist, darf vom Beichtwissen weder privat noch öffentlich Gebrauch gemacht werden. SCOff Instr. vom 9. Juni 1915: Mörsdorf Lb II, S. 77).

3.4. Wer Autorität ausübt, darf in einem späteren Amt von dem in der Beichte erworbenen Wissen für die äußere Leitung in keiner Weise Gebrauch machen. (Nicht einmal im Falle einer sicheren und großen Wohltat: Comm X/1, 1978, S. 67) (c. 984 § 2).

3.5. Der Novizenmeister und sein Stellvertreter, der Rektor des Seminars oder eines anderen Erziehungsinstituts dürfen die sakramentale Beichte ihrer im selben Haus wohnenden Alumnen nicht entgegennehmen, es sei denn, diese ersuchen im Einzelfall (nicht als Dauerlösung) freiwillig darum (c. 985).

4. *Verpflichtung zur Spendung des Bußsakraments*

Seelsorger: Jeder, dem kraft Amtes Seelsorgsverantwortung übertragen ist, ist verpflichtet, dafür zu sorgen, daß die Beichten der ihm anvertrauten Gläubigen, wenn sie in rechter Weise darum bitten, gehört werden, und daß ihnen an gelegenen Tagen und Tageszeiten Gelegenheit zur persönlichen Beichte gegeben wird (c. 986 § 1).
Bei dringender Notwendigkeit ist jeder Beichtvater, in Todesgefahr jeder Priester zur Entgegennahme der Beichten verpflichtet (c. 986 § 2).

C. Empfänger des Bußsakraments (cc. 987–991)

1. *Die erforderliche Einstellung (Disposition)*

Damit ein Christgläubiger das Bußsakrament als heilbringende Arznei empfängt, muß er so eingestellt sein, daß er sich mit Reue über die begangenen Sünden und mit dem Vorsatz, sich zu bessern, Gott zuwendet (c. 987).

(Für den gültigen Empfang der sakramentalen Generalabsolution ist außerdem der Vorsatz erforderlich, in gebührender Zeit alle schweren Sünden zu beichten, die jetzt nicht gebeichtet werden können: c. 962 § 1).

2. *Notwendige und ausreichende Materie des Bußsakraments*

Der Gläubige ist verpflichtet, nach Art und Zahl alle nach der Taufe begangenen schweren Sünden, die noch nicht direkt durch die Schlüsselgewalt der Kirche nachgelassen und noch nicht in der persönlichen Beichte bekannt worden sind und an die er sich nach sorgfältiger Selbstprüfung erinnern kann, zu beichten (c. 988 § 1).
(Die Erwähnung der notwendigen Anklage in der persönlichen Beichte erfolgt wegen der Möglichkeit der sakramentalen Generalabsolution.)
Die Beichte der läßlichen Sünden wird den Gläubigen empfohlen (Andachtsbeichte) (c. 988 § 2).

3. *Hilfen für den Pönitenten*

Die Beichte kann auch mit Hilfe eines Dolmetschers abgelegt werden, wobei auf Vermeidung von Mißbräuchen und auf ein etwa entstehendes Ärgernis zu achten ist. Der Dolmetsch ist an das Beichtgheimnis gebunden (c. 983 § 2) (c. 990). Jeder Gläubige kann bei einem rechtmäßig bevollmächtigten Beichtvater eines anderen (katholischen) Ritus beichten, wenn er dies wünscht (c. 991).

D. Das Ablaßwesen (cc. 992–997)

Vorbemerkung:

Das kirchliche Gesetzbuch enthält nur wenige grundlegende Bestimmungen über die Ablässe. Was ihre Verleihung und ihren Gebrauch anlangt, sind darum darüber hinaus auch die üb-

rigen Vorschriften in den besonderen Gesetzen der Kirche zu beachten (c. 997).
Die wichtigsten Sondergesetze: Paul VI., Apost. Konstitution Indulgentiarum doctrina vom 1. Jänner 1967 (NKD 2). Enchiridion Indulgentiarum vom 29. Juni 1968. Typis polygl. Vat. 1968.

1. *Begriffsbestimmung*

Ablaß ist der vor Gott gewährte Nachlaß zeitlicher Strafe für Sünden, die hinsichtlich ihrer Schuld schon getilgt sind; einen Ablaß erlangt jeder Gläubige, der richtig eingestellt ist und bestimmte und festgelegte Bedingungen erfüllt, mit Hilfe der Kirche, die als Ausspenderin der Erlösung den Schatz der Genugtuungen Christi und der Heiligen in Vollmacht verwaltet und anwendet (c. 992).

2. *Einteilung*

Es gibt einen Teilablaß und einen vollkommenen Ablaß, je nachdem ob er von der zeitlichen Strafe für die Sünden zum Teil oder zur Gänze befreit (c. 993).

3. *Begünstigte*

Jeder Gläubige kann teilweise oder vollkommene Ablässe für sich selbst gewinnen oder den Verstorbenen zuwenden nach Art einer Fürbitte (c. 994).

4. *Zuständige Autorität*

Außer der höchsten kirchlichen Autorität können nur jene Amtsträger Ablässe gewähren, denen diese Vollmacht von Rechts wegen zuerkannt oder vom Apostolischen Stuhl gewährt wird (c. 995 § 1).
Keine Autorität unter dem Papst kann die Vollmacht, Ablässe zu gewähren, an andere weitergeben, außer es wäre ihr vom Apostolischen Stuhl ausdrücklich eine Erlaubnis gewährt worden (c. 995 § 2).

5. *Fähigkeit zur Ablaßgewinnung*

Damit jemand zur Ablaßgewinnung überhaupt fähig ist, muß er getauft sein, darf er nicht exkommuniziert sein und muß im Stande der Gnade wenigstens am Ende der vorgeschriebenen Werke sein (c. 996 § 1).
Besondere Voraussetzung:
Damit aber der Befähigte den Ablaß wirklich gewinnt, muß er die Absicht haben, ihn zu gewinnen und die auferlegten Werke zur festgesetzten Zeit und in der gebührenden Weise erfüllen, nach dem Wortlaut der Gewährung (c. 996 § 2).

Anmerkung:

Vgl. Paul VI., Const. Ap. Indulgentiarum Doctrina, N. 7; Zur Gewinnung eines vollkommenen Ablasses sind die Verrichtung des mit dem Ablaß versehenen Werkes und die Erfüllung folgender drei Bedingungen erforderlich: Sakramentale Beichte, eucharistische Kommunion und Gebet nach der Meinung des Heiligen Vaters. Darüber hinaus ist das Freisein von jeder Anhänglichkeit an irgendeine, auch läßliche Sünde erforderlich. Wenn eine derartige Bereitung nicht vollständig vorhanden ist, . . . so gewinnt man nur einen Teilablaß.
Vgl. NKD 2, S. 121.

VII. Krankensalbung (cc. 998–1007)

Vorbemerkung:

Das kirchliche Gesetzbuch enthält nur grundlegende Bestimmungen, welche die näheren theologischen Ausführungen und pastoralen Weisungen in den approbierten liturgischen Büchern nicht ersetzen wollen. Durch die Apostolische Konstitution „Sacram unctionem infirmorum“ vom 30. November 1972 (AAS 65, 1973, S. 5–9) ist der Ordo unctionis infirmorum eorumque pastoralis curae entsprechend den Erfordernissen von Vat II SC 73–75 erneuert worden (vgl. Die Feier der Krankensakramente. Die Krankensalbung und die Ordnung der Krankenpastoral in den katholischen Bistümern des deutschen Sprachgebietes, herausgegeben im Auftrag der Bischofskonferenzen des deutschen Sprachgebietes, bestätigt von der SC Cult mit 7. Februar 1975). Das zeitweilig verengte Verständnis der Krankensalbung als Sakrament der Sterbenden ist heute zugunsten der ursprünglichen biblischen Sicht als Sakrament der Kranken (Jak 5, 14–16) überwunden.

1. *Theologische Sinndeutung*

In der Krankensalbung empfiehlt die Kirche gefährlich erkrankte Gläubige dem leidenden und auferstandenen Herrn, damit er sie aufrichte und heile. Gespendet wird dieses Sakrament durch Salbung mit Öl in Verbindung mit den diese begleitenden, in den anerkannten liturgischen Büchern vorgeschriebenen Worten (c. 998).

2. *Feier des Sakramentes*

2.1. *Weihe des heiligen Öles:*

Außer dem Bischof können das Öl für die Krankensalbung benedizieren:
- die vom Recht dem Diözesanbischof Gleichgestellten (vgl. c. 368);
- im Falle der Notwendigkeit jeder Priester bei der Feier des Sakramentes selbst (c. 999).

2.2. *Ritus der Spendung:*

Der in den liturgischen Büchern enthaltene Ritus ist gewissenhaft einzuhalten. Freilich genügt im Notfall eine einzige Salbung auf der Stirne oder an einem anderen Körperteil und das Sprechen der vollständigen Spendeformel (c. 1000 § 1).
Die sakramentale Formel lautet:
„Durch diese heilige Salbung helfe dir der Herr in seinem

reichen Erbarmen, er stehe dir bei mit der Kraft des Heiligen Geistes: Der Herr, der dich von Sünden befreit, rette dich und richte dich auf" (Die Feier der Krankensakramente, S. 57).
Die Salbungen muß der Spender mit eigener Hand vornehmen; nur aus schwerwiegendem Grund kann die Vornahme mit einem Instrument geraten sein (c. 1000 § 2).

2.3. *Verantwortung:*

Die Seelsorger und die Angehörigen des Kranken haben dafür zu sorgen, daß die Kranken rechtzeitig durch dieses Sakrament aufgerichtet werden (c. 1001).

2.4. *Gemeinsame Feier:*

Eine gemeinsame Feier der Krankensalbung, in der mehreren Kranken, die gut vorbereitet und recht eingestellt sind, zugleich das Sakrament gespendet wird, kann nach den Vorschriften des Diözesanbischofs abgehalten werden (c. 1002).

3. *Spender der Krankensalbung*

3.1. Gültig spendet das Sakrament der Krankensalbung jeder Priester, und zwar nur der Priester (c. 1003 § 1).

3.2. Pflicht und Recht lastet auf allen Priestern, die Seelsorgsverantwortung übernommen haben, gegenüber den ihnen anvertrauten Gläubigen; aus einem vernünftigen Grund kann jeder andere Priester das Sakrament mit der wenigstens angenommenen Zustimmung des von Amts wegen verpflichteten Priesters spenden (c. 1003 § 2).

3.3. Jeder Priester darf das benedizierte Krankenöl mit sich führen, damit kann er im Notfall das Sakrament der Krankensalbung spenden (c. 1003 § 3).

4. *Empfänger der Krankensalbung*

4.1. Die Krankensalbung kann jedem Gläubigen gespendet werden, der nach Erlangung des Vernunftgebrauches wegen Krankheit oder Alter in Gefahr zu sein beginnt (c. 1004 § 1; vgl. SC 73). Dies ist auch dann gegeben, wenn ein bevorstehender chirurgischer Eingriff Ursache dieser Gefahr ist.

4.2. Die Krankensalbung kann wiederholt werden, wenn der Kranke nach der Gesundung erneut in schwere Krankheit fällt oder wenn bei Fortdauer derselben Krankheit sich die Gefahr verstärkt (c. 1004 § 2).

4.3. Im Zweifel, ob der Kranke den Vernunftgebrauch erlangt hat, ob er gefährlich erkrankt ist oder ob er schon gestorben ist, soll das Sakrament gespendet werden (c. 1005). (Das Gesetz spricht nicht von einer bedingungsweisen Spendung in diesen Fällen.)

4.4. Den Kranken, die dieses Sakrament wenigstens einschlußweise erbeten hätten, wenn sie ihres Verstandes Herr wären, soll das Sakrament gespendet werden (c. 1006).

4.5. Denen, die in einer offenkundigen schweren Sünde hartnäckig verharren, darf das Sakrament der Krankensalbung nicht gespendet werden (c. 1007).

Anmerkung:

Für die sakramentale Salbung wird Olivenöl oder je nach den Gegebenheiten ein anderes Pflanzenöl als geeignete Materie verwendet (vgl. Die Feier der Krankensakramente, n. 20, S. 30).

VIII. Wichtige Punkte aus dem kanonischen Strafrecht

1. *Voraussetzungen für das Zustandekommen einer Straftat überhaupt*

1.1. Niemand darf bestraft werden, wenn er nicht

1. eine äußere (d. h. in der äußeren Welt und nicht bloß in Gedanken vollzogene)
2. Verletzung eines durch eine Strafandrohung geschützten Gesetzes oder Verwaltungsgebotes
3. in einer ihm auf Grund von Vorsatz oder schwerer Fahrlässigkeit zurechenbaren Weise
4. begangen hat (c. 1321 § 1).
Strafrechtliche Zurechenbarkeit setzt nach der neuen, milderen Regelung des Kirchenrechts eine vorsätzliche, d. h. willentlich begangene Gesetzesverletzung voraus (dolus); Gesetzesverletzungen aus Unterlassung der geschuldeten Sorgfalt (culpa) werden nur bestraft, wenn eine Bestrafung ausdrücklich vorgesehen wird (c. 1321 § 2).
Außerdem vermutet das neue Strafrecht bei äußerer Gesetzesverletzung nur noch Zurechenbarkeit, wenn nicht etwas anderes offenkundig ist, und nicht mehr Vorsatz (c. 1321 § 3).

1.2. Voraussetzung jeder strafrechtlichen Zurechenbarkeit ist immer volle schwere moralische Zurechenbarkeit, d. h. schwere moralische Schuld, schwere Sünde. Ohne schwere Sünde kommt keine Straftat zustande, kann keine Spruchstrafe verhängt werden, keine Tatstrafe eintreten.

1.3. Für die von selbst eintretenden Strafen (Tatstrafen, poenae latae sententiae) gilt außerdem, daß alle die strafrechtliche Zurechenbarkeit mindernden (die moralische Zurechenbarkeit aber nicht aufhebenden) Tatbestände den Eintritt einer solchen Straftat verhindern (c. 1324 § 3).
Solche eine volle strafrechtliche Zurechenbarkeit mindernden Umstände sind vor allem die noch nicht erreichte Volljährigkeit (vollendetes 18. Lebensjahr, c. 97 § 1; c. 1324 § 1 n. 4), so daß Tatstrafen immer Volljährigkeit voraussetzen (z. B. Kirchenaustritt, Abtreibung). Auch andere Strafminderungsgründe (z. B. Einschränkungen des Vernunftgebrauchs, Affekthandlungen, Unkenntnis der Strafe, c. 1324 § 1 nn. 1–10) verhindern das Eintreten einer Tatstrafe.
Die Strafmündigkeit beginnt überhaupt erst mit dem vollendeten 16. Lebensjahr (c. 1323 n. 1).

1.4. Tatstrafen treffen jedoch die im Gesetz nicht genannten Mittäter gleichfalls, wenn ohne ihr Wirken das Delikt nicht begangen worden wäre und die Strafe von solcher Natur ist, daß sie auch die Mittäter treffen kann; ansonsten können sie durch Spruchstrafen bestraft werden (c. 1329 § 2). Das ist bei Abtreibung (c. 1398; Strafe Exkommunikation als Tatstrafe) zu beachten, wenn die Familie des Mädchens oder der Kindesvater Druck ausgeübt haben.

2. *Strafarten*

Das kanonische Strafrecht kennt Beugestrafen (Zensuren, censurae), die vorrangig auf die Besserung des Straftäters zielen und seine verstockte Haltung brechen wollen, so daß er bei Aufgabe der Verstockung aber auch losgesprochen werden muß (c. 1358 § 1), und Sühnestrafen (poenae expiatoriae), die vor allem die Unverletzlichkeit der Rechtsordnung schützen wollen und nur durch Ablauf der Zeit oder Strafnachlaß enden.
Beugestrafen (Zensuren) sind Exkommunikation (Kirchenbann), Interdikt (persönliche Gottesdienstsperre), Suspension (Dienstenthebung).
Die wichtigsten Sühnestrafen zählt c. 1336 § 1 auf. Jede Exkommunikation verbietet die Ausübung eines jeden auf der Weihe gründenden Dienstes bei der Feier der Eucharistie oder anderer Zeremonien des amtlichen Kultes (der Liturgie, c. 834 § 2); die Feier aller Sakramente und Sakramentalien und den Empfang aller Sakramente, nicht jedoch der Sakramentalien; die Ausübung kirchlicher Ämter, Dienste und Aufgaben und die Setzung kirchlicher Leitungsakte (c. 1331 § 1). Verhängung oder Erklärung der Exkommunikation durch Spruch erschweren und erweitern ihre Rechtsfolgen (c. 1331 § 2).
Das Interdikt hat, wenn es nicht verhängt oder erklärt, sondern nur von selbst eingetreten ist, nur die Verbote der Ausübung aller auf der Weihe gründenden Dienste bei der Liturgiefeier, der Feier der Sakramente und Sakramentalien und des Empfanges der Sakramente zur Folge (c. 1332).
Die Suspension (c. 1333) ist im neuen Recht nur eine Besserungsstrafe für Kleriker. Sie ist hinsichtlich ihrer Rechtswirkungen teilbar. Ihre Folgen werden daher in Gesetz und Strafgebot, durch Urteil oder Strafverfügung jeweils festgelegt. Nur

das Gesetz kann eine von selbst eintretende allgemeine Suspension festlegen; eine solche hat ein Ausübungsverbot für alle Akte der Weihegewalt und Leitungsgewalt und für alle Rechte und Dienste, die mit dem Amt verbunden sind (c. 1334). Gewisse Rechte bleiben von den Verboten der Suspension immer unberührt (z. B. das Wohnrecht in der Dienstwohnung, das Recht auf Verwaltung des mit einem Amt verbundenen Vermögens, c. 1333 § 2, nn. 2, 3).

3. *Die von selbst eintretenden Strafen (Tatstrafen) im neuen Recht*

Die mit Tatstrafen geahndeten Tatbestände (10) und ihre Strafen sind:

3.1. c. 1364 § 1: Apostasie, Häresie, Schisma – Exkommunikation

3.2. c. 1367: Hostienschändung – dem Apostolischen Stuhl reservierte Exkommunikation

3.3. c. 1370 § 1: Realinjurie gegen den Papst – dem Apostolischen Stuhl reservierte Exkommunikation
§ 2: Realinjurie gegen einen Bischof – Interdikt; bei Klerikern zusätzlich Suspension

3.4. c. 1378 § 1: Absolutio complicis – dem Apostolischen Stuhl reservierte Exkommunikation

3.5. c. 1378 § 2 n. 1: Versuchte Feier des eucharistischen Opfers ohne Priesterweihe – Interdikt; Suspension für Kleriker
n. 2: Versuchte Lossprechung ohne gültige Vollmacht bzw. Beichthören – Interdikt; Suspension für Kleriker

3.6. c. 1382: Bischofsweihe ohne päpstlichen Auftrag – dem Apostolischen Stuhl reservierte Exkommunikation für den konsekrierenden und den konsekrierten Bischof

3.7. c. 1388 § 1: Direkter Beichtsiegelbruch durch den Beichtvater – dem Apostolischen Stuhl vorbehaltene Exkommunikation

3.8. c. 1390 § 1: Falschanklage des Beichtvaters wegen Verführung vor der kirchlichen Obrigkeit (c. 1387) – Interdikt; Suspension für Kleriker

3.9. c. 1394 § 1: Versuchte zivile Eheschließung durch Kleriker – Suspension; bei Religiosen – Interdikt

3.10. c. 1398: Abortus procuratus effectu secuto – Exkommunikation

Anmerkung:

a) Gegen Kleriker können bei den Vergehen nach c. 1364 § 1 durch Spruch die Sühnestrafen des c. 1336 § 1 nn. 1–3 zusätzlich verhängt werden;

b) bei den Vergehen nach c. 1367, c. 1370 § 1, c. 1394 § 1 durch Spruch zusätzlich andere Strafen bis zur Entlassung aus dem Klerikerstand, wenn es die Schwere des Delikts oder die Unbußfertigkeit erfordert.

c) Dem Apostolischen Stuhl ist nur noch in fünf Fällen die von selbst eingetretene Exkommunikation vorbehalten (c. 1367, c. 1370 § 1, c. 1378 § 1, c. 1382, c. 1388 § 1).

d) Vom Gesetz verfügte Reservationen zugunsten anderer kirchlicher Oberen bestehen nicht mehr.

e) Die bekannten Abstufungen bei den Vorbehalten des Apostolischen Stuhles sind gleichfalls weggefallen.

f) Die Österreichische Bischofskonferenz hat zur Lossprechung von der Exkommunikation bei procuratus abortus dieselben Vollmachten gegeben, wie sie bisher galten (Bischofskonferenz vom 7. bis 11. November 1983).

4. *Lossprechung der Strafen (vor allem der Tatstrafen)*

Weil das neue Strafrecht das System der von selbst eintretenden Strafen (Tatstrafen) beibehält, um auch verborgene Straftaten wirksam bestrafen zu können, wenn es auch nur wenige Tatstrafen festsetzt und nur für besonders schwere Delikte, muß es doch den mit dem System der Tatstrafen verbundenen Problemen der Spannungen zwischen Gemeinwohl und Privatwohl sowie zwischen äußerem und innerem Rechtsbereich wirksam begegnen können. Sind z. B. bei einem Seelsorger Delikt und Strafe geheim, ist sein seelsorglicher Dienst aber unaufschiebbar, so daß für eine Regelung im äußeren Rechtsbereich die Zeit fehlt, besteht für ihn die Gefahr des Ärgernisses oder der Gefährdung des guten Rufes. Ein zensurierter Gläubiger kann nicht einmal das Bußsakrament empfangen, bevor ihn der zuständige Obere von der Zensur gelöst hat. Auch für ihn entsteht eine unangenehme Zwangslage in Lebensgefahr, wenn die Zeit für einen Rekurs nicht ausreicht, oder im Dringlichkeitsfall, wenn er gebessert und bekehrt in den Beichtstuhl kommt und einen Anspruch auf Lossprechung hat (c. 1358 § 1), er aber im Urlaubsort oder auf Reisen ist und daher keine Rekursmöglichkeit besteht.
Die folgenden Regeln für Strafnachlaß und Aufhebung der Wirkungen der Strafe in bestimmten Situationen sollen in Notsituationen Abhilfe schaffen.

4.1. *Strafnachlaß im äußeren Rechtsbereich*

Der Gesetzgeber schafft weitgehend Erleichterungen für den Strafnachlaß im äußeren Rechtsbereich.
Allgemeine Regel: Alle, die von dem durch die Strafe geschützten Gesetz dispensieren oder von dem die Strafe androhenden Gebot befreien können, können auch die Strafe nachlassen (c. 1354 § 1). In dem die Strafe aufstellenden Gesetz oder Gebot kann die Vollmacht zum Strafnachlaß auch anderen übertragen werden (c. 1354 § 2). Die Reservationen des Apostolischen Stuhles sind außerdem strikt zu interpretieren (§ 3).
Außerdem gibt das Gesetz (cc. 1355, 1356) weitgehende Vollmachten zum Strafnachlaß:

a) Der Ortsordinarius kann in seinem Sprengel alle Strafen, ausgenommen die Vorbehalte des Apostolischen Stuhles, nachlassen. Wenn es nicht wegen außerordentlicher Umstände unmöglich ist, muß er aber (zur Gültigkeit) jenen Oberhirten hören, der den Strafprozeß eingeleitet oder die Strafe durch Verfügung verhängt hat oder verhängen hat lassen (c. 1355 § 1 n. 2, c. 1356 § 2).

b) Der Ordinarius, der das die Strafe verhängende oder feststellende Gericht eingesetzt bzw. der die Strafe selbst mittels Verfügung verhängt oder erklärt hat bzw. durch andere verhängen oder erklären hat lassen, kann alle diese Strafen, ausgenommen die päpstlichen Vorbehalte, nachlassen (cc. 1355 § 1 n. 1, 1356 § 1 n. 2).

c) Jeder Ordinarius kann seinen Untergebenen alle vom Gesetz oder von ihm selbst festgesetzten nicht erklärten Tatstrafen, ausgenommen die Vorbehalte des Apostolischen Stuhles, nachlassen. Er kann das auch allen, die sich in seinem Gebiet aufhalten oder dort die Tat begangen haben (c. 1355 § 2).

Die „ratio legis" ist klar: Ausgenommen die Vorbehalte des Apostolischen Stuhles kann der Ortsordinarius allen Gläubigen in seinem Gebiet auch alle Strafen nachlassen (muß aber im Regelfall einen anderen „Urheber" der Strafe hören; kann der Ordinarius, der Urheber einer Strafe ist, diese Strafen auch nachlassen; kann jeder Ordinarius die vom Gesetz festgelegten nicht erklärten Tatstrafen den Gläubigen, die sich auf seinem Gebiet aufhalten oder dort gefehlt haben, nachlassen).

Den Kreis der Ordinarien bestimmt das neue Recht neu (und weiter):

Papst, Diözesanbischöfe, die Vorsteher einer Prälatur oder Abtei mit eigenem Territorium, eines Apostolischen Vikariats und einer Apostolischen Präfektur, einer für ständig errichteten Apostolischen Administratur sowie deren General- und Bischofsvikare sowie für ihre Untergebenen die höheren Oberen geistlicher Religioseninstitute päpstlichen Rechts und geistlicher Gesellschaften des apostolischen Lebens päpstlichen Rechts, die sich wenigstens ordentlicher Verwaltungsvollmacht erfreuen (c. 134 § 1). Ortsordinarien sind alle Genannten, insofern sie einer Teilkirche und nicht einer Personengesamtheit (Religioseninstitute) vorstehen (c. 134 § 2). Auch der Vorsteher einer Personalprälatur ist ein Ordinarius (c. 295 § 1).

4.2. *Strafnachlaß im inneren Rechtsbereich*

a) Allgemeine Vollmachten, die sich aber nur auf vom Gesetz festgesetzte, nicht festgestellte Tatstrafen beziehen:
   - Jeder Bischof kann im Akt der sakramentalen Beichte alle vom Gesetz festgelegten noch nicht erklärten Tatstrafen nachlassen, mit Ausnahme der Vorbehalte des Apostolischen Stuhles (c. 1355 § 2). Die Vollmacht betrifft Zensuren und Sühnestrafen.
   - Der Bußkanoniker einer Kathedral- oder Kollegiatskirche hat kraft seines Amtes die ordentliche Vollmacht, die aber nicht delegierbar ist, im sakramentalen Bereich alle von selbst eingetretenen nicht festgestellten Zensuren (nicht Sühnestrafen), ausgenommen die päpstlichen Vorbehalte, nachzulassen, innerhalb der Diözese auch Fremden, eigenen Diözesanen überall (c. 508). Die Vollmacht umfaßt nur die Zensuren, aber auch die Suspension.

b) Besondere Vollmachten für Todesgefahr und Dringlichkeitsfall:
   - In Todesgefahr erteilt die Kirche weitgehende Vollmachten: Jeder Priester, auch wenn er keine Beichtvollmacht besitzt, kann jeden Pönitenten in Todesgefahr gültig und erlaubt von allen Zensuren und Sünden lossprechen, auch wenn ein bevollmächtigter Beichtvater anwesend ist (c. 976). Sühnestrafen (die den Sakramentenempfang nicht behindern) sind ausgenommen, Vorbehalte des Apostolischen Stuhles nicht. Doch im Falle der Wiedergenesung besteht Rekurspflicht nach c. 1357 § 2 (c. 1357 § 3).
   - Im Dringlichkeitsfall, wenn es für den Beichtenden bedrückend ist, während der für die Regelung notwendigen Zeit im Stande der schweren Sünde zu bleiben, kann der Beichtvater eine Exkommunikation und ein Interdikt, die von selbst eingetreten und nicht

amtlich festgestellt sind (aber keine Suspension und keine Sühnestrafe), für den inneren sakramentalen Bereich nachlassen (c. 1357 § 1). Bei Gewährung eines solchen Nachlasses hat der Beichtvater dem Pönitenten aufzuerlegen (c. 1357 § 2):

- ○ sich innerhalb eines Monates an den zuständigen Oberen bei sonstigem Wiederaufleben der Strafe oder an einen bevollmächtigten Priester zu wenden und sich an dessen Weisungen zu halten. Der Rekurs kann auch durch den Beichtvater ohne Namensnennung erfolgen;
- ○ in der Zwischenzeit eine angemessene Buße zu verrichten und gegebenenfalls das Ärgernis und den Schaden wieder gutzumachen.

Bei Lossprechung in Todesgefahr von einer erklärten oder verhängten oder dem Apostolischen Stuhl reservierten Strafe besteht im Falle der Genesung dieselbe Rekurspflicht (c. 1357 § 3).

- Seelsorger (capellani) in Krankenhäusern, Gefängnissen oder auf Schiffen haben die Vollmacht, allerdings nur an den genannten Orten, von allen nicht reservierten und nicht erklärten Tatstrafen loszusprechen (c. 566 § 2). Für Lebensgefahr gilt zusätzlich c. 976.

4.3. *Aufhebung einer Strafwirkung kraft Gesetzes*

a) Beim Sakramentenspender (c. 1335)

Wenn eine Zensur die Feier der Sakramente und Sakramentalien oder die Setzung eines Aktes der Leitungsgewalt verbietet, wird dieses Verbot

- bei jeder Zensur aufgehoben (ob Tatstrafe oder Spruchstrafe, ob verhängt, ob erklärt, ob geheim oder notorisch), sooft Gläubigen in Lebensgefahr Hilfe geleistet werden muß;
- nur eine von selbst eintretende nicht erklärte Zensur aufgehoben, sooft der Gläubige ein Sakrament, ein Sakramentale oder einen Akt der Leitungsgewalt erbittet; erbitten darf er dieses aus jedem gerechten Grund (c. 1335).

b) Beim Sakramentenempfänger bzw. betroffenen Gläubigen (c. 1352)
   - Wenn eine Strafe den Empfang von Sakramenten oder Sakramentalien verbietet, ist dieses Verbot aufgehoben, solange sich der Betroffene in Lebensgefahr befindet (c. 1352 § 1).
     Diese Aufhebung der Strafwirkung betrifft alle Strafen und hat wohl nicht den Empfang des Bußsakramentes im Auge (vgl. c. 976), sondern der anderen Sakramente (z. B. Eheschließung, die einem Exkommunizierten ja auch verboten ist).
   - Die Pflicht der Beobachtung einer nicht erklärten und am Aufenthaltsort des Bestraften nicht notorischen Strafe entfällt, sooft und insoweit der Bestrafte sie nicht ohne Gefahr eines schweren Ärgernisses oder ohne Gefahr für seinen guten Ruf beobachten kann (c. 1353 § 2).

In den genannten Fällen hebt das Gesetz die Strafwirkung im genannten Ausmaß auf, nicht aber die Strafe selbst.

Anmerkung:

Der Strafnachlaß im inneren Rechtsbereich scheint im neuen Recht enger und strenger zu sein als im CIC/1917. Denn alle Sühnestrafen und ebenso alle Spruchstrafen und festgestellten Tatstrafen sind vom Nachlaß in foro interno ausgeschlossen; ebenso ist bei Strafnachlaß durch den Beichtvater im Dringlichkeitsfall immer Rekurs vorgeschrieben (c. 1357). Diese größere Strenge gründet im Prinzip des neuen Strafrechts, daß Strafen in foro externo zu verhängen und nachzulassen sind und der Beichtvater soweit als möglich vom Strafrecht entlastet werden sollte. Nur für echte Fälle pastoraler Notwendigkeit soll es Strafnachlaß in foro interno geben.
Die lückenlose Rekurspflicht hängt auch mit c. 130 zusammen, nach dem Akte der Leitungsgewalt im inneren Rechtsbereich in der Regel in foro externo nicht gelten.
Daß im Falle der Unerfüllbarkeit der Rekurspflicht diese entfällt, ergibt sich wohl aus dem allgemeinen Interpretationsprinzip, daß Vorschriften kirchlichen Rechts bei moralischer Un-

möglichkeit der Erfüllung nicht gelten. Unmöglichkeit der Erfüllung entschuldigt von der Rekurspflicht und verhindert wohl ein Wiedereintreten der Strafe.

IX. Neues Eherecht und Pfarrseelsorge

A. Ehepastoral vor rechtlicher Ehevorbereitung

Mit zwei neuen Canones, betreffend die Ehe- und Familienpastoral überhaupt (c. 1063, c. 1064), die den Bestimmungen über die rechtliche Ehevorbereitung vorangehen, hebt das neue Gesetzbuch die vorrangige Bedeutung einer umfassenden Ehe- und Familienseelsorge hervor.

Die Seelsorger sind gehalten, dafür zu sorgen, daß die eigene kirchliche Gemeinschaft den Gläubigen jene Hilfe (assistentia) bietet, durch die sie den ehelichen Stand im christlichen Geist erhalten und vervollkommnen können. Dieser umfassende, auch die Verantwortung der jeweiligen Gemeinschaft einbeziehende Beistand soll vor allem durch vier pastorale Maßnahmen geleistet werden:

a) durch Predigt, Katechese für Kinder, Jugendliche und Erwachsene, auch mit Hilfe der sozialen Kommunikationsmittel (cc. 822–832), deren Inhalt die Bedeutung der christlichen Ehe und die Aufgaben der Gatten und christlichen Eltern bilden sollen;

b) durch persönliche Ehevorbereitung (der Brautleute), mit Hilfe derer sie für die Heiligkeit und die Pflichten des neuen Standes aufgeschlossen werden sollen;

c) durch eine fruchtbare liturgische Feier der Eheschließung selbst, die den Gatten Einblick gibt, daß ihre Ehe am Geheimnis der Einheit und der fruchtbaren Liebe zwischen Christus und der Kirche Anteil hat und dieses ausdrückt;

d) durch weitere Hilfe für die Verheirateten, daß sie durch treues Bewahren des Ehebundes zu einem immer erfüllteren und heiligeren Familienleben gelangen können (c. 1063, nn. 1–4).

Die nähere Regelung dieser Ehe- und Familienpastoral ist Aufgabe des Ortsoberhirten, der gegebenenfalls erfahrene und erprobte Männer und Frauen zu Rate ziehen soll (c. 1064). Der neuen Betonung der pastoralen Ehevorbereitung entspricht auch, daß der Firmempfang vor der Eheschließung vorgeschrieben wird, wenn es ohne große Schwierigkeiten möglich ist (c. 1065 § 1); außerdem werden Brautbeichte und Kommunion als Voraussetzungen für den fruchtbaren Empfang des Ehesakraments mit Nachdruck empfohlen (c. 1065 § 2). Falls die Notwendigkeit besteht, kann der Diözesanbischof einen Priester zur Firmspendung bevollmächtigen (c. 844 § 1).

B. Rechtliche Ehevorbereitung

Die Phasen der rechtlichen Ehevorbereitung, wie Brautexamen, Aufgebot oder andere geeignete Nachforschungen, sind durch Gesetze der Bischofskonferenz zu regeln (c. 1067). Das gesamtkirchliche Recht enthält darüber nur wenige Bestimmungen:

Die Eheschließung darf erst vorgenommen werden, wenn feststeht, daß der Gültigkeit und Erlaubtheit kein Hindernis entgegensteht (c. 1066).

Nur in Todesgefahr (nicht aber im Verlegenheitsfall) genügt der Manifestationseid als Beweis des Ledigenstandes, wenn andere Beweise nicht möglich und gegenteilige Indizien nicht vorhanden sind (c. 1068).

Die Gläubigen sind verpflichtet, Ehehindernisse dem Pfarrer oder Ortsoberhirten zu melden (c. 1069).

Der Pfarrer, der die Ehevorbereitungen durchführt, hat deren Ergebnis durch ein amtliches Dokument (Übersendung des Brautprüfungsprotokolls) möglichst bald dem Trauungspfarrer mitzuteilen (c. 1070).

C. Trauungserlaubnis des Ortsordinarius

Die vereinzelt schon im alten Recht an verschiedenen Stellen angeführten Fälle, in denen, abgesehen vom Notfall, für die

Eheassistenz die Erlaubnis des Ortsoberhirten einzuholen ist, sind im neuen Gesetzbuch in einem Canon zusammengefaßt (c. 1071).
Demnach ist (außer im Notfall) die Erlaubnis des Ortsoberhirten einzuholen:

1. bei Eheschließungen Wohnsitzloser,

2. bei Abschluß rein kirchlicher Ehen (ohne standesamtliche Trauung),

3. für die Eheschließung jener, die Verpflichtungen, seien es auch rein natürliche, gegen einen früheren Partner oder gegenüber Kindern aus einer früheren Verbindung zu erfüllen haben,

4. für Eheschließung eines Katholiken mit einem notorisch vom katholischen Glauben Abgefallenen,

5. für Eheschließungen von mit einer Kirchenstrafe Behafteten,

6. für Eheschließungen Minderjähriger ohne Wissen oder gegen den begründeten Entschluß der Eltern,

7. für Eheschließungen mittels Stellvertreter („Ferntrauungen", c. 1105).

Anmerkung:

Notorisch Abgefallene erhalten die Trauungserlaubnis nur, wenn von beiden Partnern die für Mischehen erforderlichen Sicherheitsleistungen hinsichtlich der Erhaltung des Glaubens des katholischen Partners und der katholischen Erziehung der Kinder (Kautelen, c. 1125) erbracht werden. Die Volljährigkeit ist im neuen Recht mit Vollendung des 18. Lebensjahres erreicht (c. 97 § 1). Die Seelsorger sollen aber Jugendliche von Eheschließungen vor Erreichung des im betreffenden Gebiet üblichen Heiratsalters abhalten (c. 1072).

D. Dispens von den Ehehindernissen

1. *Vollmachten für den Regelfall*

Die Dispensvollmacht für den Ortsordinarius ist großzügig ausgeweitet: Der Ortsordinarius kann von allen Hindernissen kirchlichen Rechts dispensieren, ausgenommen die Hindernisse der heiligen Weihen und des amtlichen ewigen Gelübdes in einem Orden oder einer Kongregation (= einem Religioseninstitut) päpstlichen Rechts und das Hindernis des Gattenmordes (c. 1078 § 1). Diese drei Hindernisse allein sind dem Apostolischen Stuhl zur Dispensgewährung vorbehalten (c. 1078 § 2).

2. *Vollmachten für Fälle der Todesgefahr*

Von den dem Apostolischen Stuhl reservierten Hindernissen, ausgenommen die Priesterweihe, und von der Eheschließungsform kann der Ortsordinarius in drängender Todesgefahr dispensieren (c. 1079 § 1).
Ist der Ortsordinarius in drängender Todesgefahr nicht erreichbar, was auch der Fall ist, wenn er nur telephonisch oder telegraphisch angegangen werden kann (c. 1079 § 4), haben die gleiche Dispensvollmacht der Pfarrer (für seine Pfarrangehörigen überall, in seinem Amtssprengel für alle sich dort Aufhaltenden), aber auch jeder rechtmäßig zur Trauung delegierte Priester und Diakon sowie der nottrauende Priester und Diakon nach c. 1116 § 2 (c. 1079 § 2). Der Beichtvater kann in Todesgefahr nur von geheimen (= nicht beweisbaren) Hindernissen im inneren Rechtsbereich innerhalb und auch außerhalb der Beichte dispensieren (c. 1079 § 3).

3. *Vollmachten für den Dringlichkeitsfall*

Im Dringlichkeitsfall (casus perplexus), wenn eine Aufschiebung der Trauung bis zur Entscheidung des zuständigen Dispensberechtigten ohne wahrscheinliche Gefahr eines schweren Nachteils nicht mehr möglich ist, können von allen Hindernissen, ausgenommen heilige Weihen und ewige Ordensprofeß, der Ortsordinarius dispensieren, aber auch, wenn er nicht erreichbar ist und es sich um einen geheimen Fall handelt, der Pfarrer, der mit delegierter Trauungsvollmacht ausgestattete Priester und Diakon sowie der nottrauende Priester und Diakon nach c. 1116 § 2 und der Beichtvater im inneren Rechtsbereich in und auch außerhalb der Beichte (c. 1080 § 1). Dieselbe Vollmacht besteht mit denselben Begrenzungen auch für die Gültigmachung einer bereits ungültig geschlossenen Ehe, wenn ebenfalls ein Aufschub wegen eines drohenden schweren Nachteils nicht möglich ist und die Zeit für Rekurs an den Apostolischen Stuhl oder den Bischof nicht ausreicht (c. 1080 § 2).

4. *Indispensable Hindernisse*

Nie dispensiert wird vom Ehehindernis der Blutsverwandtschaft in der geraden Linie und im zweiten Grad der Seitenlinie (Geschwister; c. 1078 § 3).

E. Die trennenden Ehehindernisse im neuen Recht

Vorbemerkung:

Das neue kirchliche Gesetzbuch kennt nur noch trennende Ehehindernisse; die Kategorie der verbietenden Ehehindernisse ist aufgehoben. Von den bisher verbietenden Ehehindernissen wird das öffentliche zeitliche Gelübde im Religiosenrecht geregelt; das Hindernis der gesetzlichen Verwandtschaft (Adoption) wird ein trennendes Ehehindernis (c. 1094); dem Mischehenrecht wird ein eigenes Kapitel gewidmet (Caput VI De matrimoniis mixtis, cc. 1124–1129). Die Ehehindernisse kirchlichen Rechts gelten außerdem nur noch für Katholiken und ausgetretene Katholiken (mit Ausnahme des Hindernisses der Religionsverschiedenheit für letztere, c. 1086), nicht aber für nichtkatholische Christen (c. 11). Die zwölf trennenden, d. h. die Ehe verungültigenden Hindernisse sind zum Teil beträchtlich geändert worden.

1. *Mangelnde Ehemündigkeit:*

Besteht beim Mann vor Vollendung des 16., bei der Frau vor Vollendung des 14. Lebensjahres. Die Bischofskonferenzen können ein höheres Eheschließungsalter festsetzen, doch nur zur Erlaubtheit (c. 1083 §§ 1+2).

2. *Impotenz:*

Besteht bei einer der Eheschließung vorausgehenden und unheilbaren Unfähigkeit zum Ehevollzug (impotentia coeundi, c. 1084). Seit dem Dekret der Glaubenskongregation vom 13. Mai 1977 ist beim Mann nur die Fähigkeit zum personalen ehelichen Geschlechtsakt, nicht aber die Erbringung eines aus den Hoden stammenden Samens erforderlich. Im Zweifelsfall ist weder eine Eheschließung zu hindern noch eine geschlossene Ehe für ungültig zu erklären. Sterilität ist nie ein Ehehindernis gewesen; sie kann aber jetzt u. U. Gegenstand einer arglistigen Täuschung sein, die die Ehe ungültig macht (c. 1098).

3. *Bestehendes Eheband:*

Macht eine neue Eheschließung unmöglich (c. 1085).

4. *Religionsverschiedenheit (disparitas cultus):*

Besteht zwischen einem Ungetauften einerseits und einem in der katholischen Kirche Getauften oder aus einer nichtkatholischen christlichen Kirche in sie Aufgenommenen anderseits. Nicht mehr von diesem Hindernis betroffen sind die durch einen formalen Akt (schriftlich erklärter Kirchenaustritt vor der staatlichen Behörde) aus der katholischen Kirche Ausgetretenen (c. 1086 § 1). Sie sind außerdem, wenn sie einen gleichfalls nicht formpflichtigen Partner ehelichen, von der kanonischen Formpflicht ausgenommen (c. 1117). Die Kautelen sind wie bei der Mischehe mit getrennten Christen zu erbringen (c. 1086 § 2). Die für die Formulierung der Kautelen zuständige Bischofskonferenz kann aber schärfere Sicherheitsleistungen bei Ehen mit Ungetauften verlangen (vgl. c. 1126). Bei zweifelhafter

Taufe eines Partners ist an der Gültigkeit einer (ohne Dispens geschlossenen) Ehe festzuhalten, bis sicher erwiesen ist, daß ein Partner getauft, der andere ungetauft ist (c. 1086 § 3).

5. *Heilige Weihen:*

Betrifft Diakone, Priester und Bischöfe (c. 1087). Ein verheirateter Diakon kann nach dem Tod seiner Frau ohne Dispens keine neue Ehe eingehen.

6. *Amtliches ewiges Gelübde der Keuschheit:*

Ist ein trennendes Ehehindernis in allen Religioseninstituten (d. h. nicht nur in den alten Orden, wie bisher, sondern auch in den Kongregationen; c. 1088); nicht jedoch in Säkularinstituten und in Gesellschaften des apostolischen Lebens (falls dort Gelübde abgelegt werden).

7. *Entführung (c. 1089)*

8. *Hindernis des Verbrechens:*

Wurde auf die Fälle des Gattenmordes eingeschränkt (Gattenmord durch einen Partner mit Eheabsicht oder gemeinsamer Gattenmord auch ohne Eheabsicht, c. 1090). Die für die Praxis schwer beweisbaren Fälle von Ehebruch mit Eheversprechen bzw. Ehebruch mit versuchter Eheschließung (Zivilehe) sind im neuen Recht nicht mehr enthalten.

9. *Blutsverwandtschaft:*

Bildet in der Seitenlinie nur noch bis zum vierten Grad nach der neuen römischen Zählung (2/2 oder 3/1 alter, „germanischer" Zählung) ein trennendes Ehehindernis (c. 1091 § 2). In gerader Linie ist selbstverständlich jeder Grad legaler oder natürlicher Blutsverwandtschaft ein trennendes Ehehindernis; liegt auch nur der Verdacht auf eine solche oder auf eine Blutsverwandtschaft im zweiten Grad der Seitenlinie vor, darf eine Eheschließung nie gestattet werden

(c. 1091 § 1; § 4). Mehrfache Blutsverwandtschaft ist nicht mehr rechtserheblich (c. 1091 § 3).

10. *Schwägerschaft:*

Ist in der Seitenlinie kein Ehehindernis mehr; nur noch in allen Graden der geraden Linie (c. 1092).

11. *Öffentliche Ehrbarkeit („nachgebildete Schwägerschaft"):*

Ensteht aus einer ungültigen Ehe nach Aufnahme der Lebensgemeinschaft und aus einem notorischen oder öffentlichen Konkubinat und umfaßt nur noch den ersten Grad der geraden Linie zwischen dem Mann und den Blutsverwandten der Frau und umgekehrt (c. 1093).

12. *Adoption (gesetzliche Verwandtschaft):*

Besteht nach der Neuregelung zwischen den gesetzlichen Verwandten in gerader Linie und im zweiten Grad der Seitenlinie (Geschwister): c. 1094.

Anmerkung:

Das Hindernis der geistlichen Verwandtschaft ist aufgehoben. Die neue Berechnung der Verwandtschaft in der Seitenlinie zählt alle Personen außer den Stamm (-vater, -mutter; c. 108 § 3). Trennendes Ehehindernis ist die Blutsverwandtschaft eines Partners mit seinen (ehelichen und außerehelichen) Geschwistern (auch Halbgeschwistern): 2. Grad; mit dem Onkel bzw. der Tante: 3. Grad; mit Großonkel bzw. Großtante: 4. Grad; mit der Cousine: 4. Grad.
Schwägerschaft ist kein Hindernis zwischen einem Ehegatten und (nach dem Tod seines Partners) seiner Schwiegermutter bzw. Schwiegervater, seiner Stieftochter bzw. seinem Stiefsohn (alles 1. Grad der geraden Linie) und, wohl theoretisch, weiteren Graden der geraden Linie. Öffentliche Ehrbarkeit bildet ein Hindernis zwischen dem Mann und der Mutter oder Tochter seiner Lebensgefährtin oder ungültig angeheirateten Frau bzw.

umgekehrt. Bei Heirat in die nächste Verwandtschaft des früheren Lebensgefährten ist auf dieses Hindernis zu achten. Auch auf eine etwaige uneheliche Blutsverwandtschaft ist zu achten. Die meisten Ehehindernisse sind aus den üblicherweise einzuholenden Dokumenten ersichtlich oder, wie nicht dispensierte ewige Gelübde in einer Kongregation, Gattenmord, Entführung, so selten, daß nur bei konkreten Hinweisen mit ihnen zu rechnen ist.
Die Ehehindernisse haben gegenüber den Konsensmängeln an Bedeutung verloren. Das neue Recht hat sie noch mehr eingeschränkt. Die Dispensvollmachten sind vereinfacht.

F. Ehekonsens und Konsensmängel

Vorbemerkung:

Obwohl Konsensmängel bei der Ehevorbereitung selten aufgedeckt werden, hat der Seelsorger die Pflicht, die Nupturienten über ihre positive Einstellung zum Wesen und den Wesenseigenschaften der christlichen Ehe zu befragen und die Antworten durch die entsprechenden Unterschriften bestätigen zu lassen. Diese beim heute oft mangelhaft vorhandenen Wissen um das Wesen der christlichen Ehe bei den Nupturienten verantwortungsvolle Aufgabe setzt beim Seelsorger wenigstens die Kenntnis der wichtigsten Grundaussagen des neuen Rechts über Ehekonsens und Konsensmängel voraus.
Die Neuerungen im Konsensrecht liegen somit in neu eingeführten Nichtigkeitsgründen (arglistige Täuschung), neu formulierten Konsensmängeln (Ausschluß von Wesenselementen der Ehe) sowie in zum Gesetz erhobenen Ansätzen der Rechtsprechung (Mangel an Urteilsfähigkeit, Eheführungsunfähigkeit). Illusionen über eine Erleichterung der kirchlichen Nichtigkeitsverfahren sind trotzdem fehl am Platz.

1. *Begriff und Wesen der Ehe*

Das neue Eherecht beginnt mit einer Definition der Ehe, die sich an die personale Sicht des Konzils (G Sp 48) anlehnt und von der biologistisch generativen Sicht des früheren Rechts abrückt: „Der Ehebund (foedus), durch den Mann und Frau die Gemeinschaft des ganzen Lebens untereinander begründen, die ihrer Natur nach auf das Wohl der Gatten und auf die Zeugung und Erziehung der Kinder hingeordnet ist, wurde von Christus dem Herrn unter Getauften zur Würde eines Sakraments erhoben" (c. 1055 § 1). Der biblische Gedanke vom neuen Bund Gottes mit seinem Volk in Christus, der in jeder christlichen Ehe verwirklicht ist und ihr die Würde eines Sakraments verleiht (vgl. c. 1063, n. 3), steht ebenso im Vordergrund wie die Sicht der Ehe als personale Lebensgemeinschaft aus der Übergabe der Personen aneinander in Liebe, die freilich in Sexualität und Fruchtbarkeit ihren ehespezifischen Ausdruck findet. Das Gattenwohl wird vor der Nachkommenschaft erwähnt; beide Wirklichkeiten ergeben sich aus dem Wesen der Ehe als personale Gemeinschaft. Die rechtliche Sicht der Ehe als Vertrag tritt zurück; sie ist juridisches Einteilungsmodell für das Eherecht, nicht aber Wesensaussage. Eine Aussage über die durch den Vertrag zu erreichenden Ehezwecke und deren Rangordnung, um deren Erreichung willen Gegenstand des Ehekonsenses das dauernde und ausschließliche Recht auf die Geschlechtlichkeit des Partners ist, fehlt. Der Gegenstand des Ehekonsenses ist vielmehr die wechselseitige Übergabe der Partner aneinander in einem unwiderruflichen Bund (c. 1057 § 2). Personal ist auch die Sicht des Ehevollzuges: er muß ein personaler, freier Akt sein („humano modo", c. 1061 § 1). Freilich hält auch das neue Recht an der Identität von Vertrag und Sakrament unter Getauften (c. 1055 § 2) fest sowie an der Rechtsgunst der Ehe (c. 1060) entgegen allem Wunsch nach Abschwächung, was weiterhin die Schwierigkeit von Ehenichtigkeitserklärungen bedingt.

2. *Ehevertrags- und Eheführungsunfähigkeit (c. 1095)*

Im Anschluß an den Fortschritt der Judikatur bestimmt das neue Recht genauer, wer zur Bildung eines hinreichenden Ehekonsens nicht fähig ist:

a) wer des hinreichenden Vernunftgebrauchs entbehrt

(dauernd im Falle schwerer Psychosen; vorübergehend, aber beim Eheabschluß z. B. unter Drogen);

b) wer an einer schweren Beeinträchtigung des gereiften Urteilsvermögens hinsichtlich der ehelichen Pflichten und Rechte leidet (schwere psychopathische bzw. neurotische Störungen nicht im Sinne einer eigentlichen Geisteskrankheit; mangelnde psychische Reife);

c) wer wegen Ursachen seelischer Natur die wesentlichen ehelichen Pflichten nicht übernehmen kann. Alle Anomalien, die die Erfüllung einer Wesenseigenschaft der Ehe unmöglich machen (Treue, Dauerbindung, sexuelle Normalität, personale Gemeinschaft) können konsensunfähig machen. Vgl. c. 1095, nn. 1–3.

3. *Mindestwissen und Irrtum*

Das für die Eheschließung notwendige Mindestwissen ist etwas genauer umschrieben worden als Wissen, daß die Ehe eine dauernde (nicht notwendig unauflösliche) Gemeinschaft zwischen Mann und Frau ist, hingeordnet auf die Zeugung von Kindern durch ein körperliches Zusammenwirken (c. 1096 § 1).
Die Bestimmungen über die Wirkung des Irrtums wurden wesentlich modifiziert. Ein Eigenschaftsirrtum, auch wenn er Eheschließungsmotiv war, macht wie bisher eine Ehe nur dann ungültig, wenn er auf einen die Identität der Person verändernden Irrtum hinausläuft, diese Eigenschaft also direkt und hauptsächlich gewollt wird (c. 1097 § 2). Doch bewirkt nach der neuen Bestimmung des c. 1098 der durch arglistige Täuschung zur Erlangung der Zustimmung zur Ehe hervorgerufene Irrtum über eine Eigenschaft des Partners, die ihrer Natur nach die eheliche Lebensgemeinschaft schwer stören kann, die Ungültigkeit des Konsenses, wobei es unwesentlich ist, von wem die Täuschung ausgeht. Der Nachweis der Täuschungsabsicht ist notwendig; Irrtum allein genügt nicht. Welche Eigenschaften in Frage kommen, wird die Rechtsprechung zu klären haben. Ein Rechtsirrtum über die Wesenseigenschaften der Ehe, wie Einheit, Unauflöslichkeit und Sakramentalität (heute oft weit verbreitet),

zerstört den Ehekonsens nicht, wenn er nicht den Willen bestimmt, formuliert das neue Recht klarer (c. 1099), d. h. wenn nicht die eigene Ehe durch bewußten und motivierten Entschluß auflöslich o. ä. gewollt wird.

4. *Simulation*

Auch die Bestimmung über die Simulation (c. 1101 § 2) wurde neu formuliert. Nicht nur der Ausschluß der Ehe selbst (Ehe als Scheinrechtsgeschäft) oder einer Wesenseigenschaft der Ehe (Treue, Unauflöslichkeit, Nachkommenschaft) macht wie bisher die Ehe ungültig, sondern auch der Ausschluß eines der „Wesenselemente" der Ehe. Darunter ist nach der Ehedefinition in c. 1055 § 1 vor allem die volle Lebensgemeinschaft als wesentlich personale Beziehung der Gatten, nicht bloß als Zusammenwohnen, gedacht. Scheineheschließungen aus bloß ehefremden Motiven sowie bewußt gesetzte Vorbehalte gegen die eheliche Treue, Unauflöslichkeit oder gegen die grundsätzliche Offenheit auf Nachkommenschaft hin machen die Ehe weiterhin ungültig. Eine unter einer zukünftigen Bedingung geschlossene Ehe ist nun ungültig (c. 1102 § 1). Ein von einem vergangenen oder gegenwärtigen Sachverhalt abhängiger Konsens macht die Ehe bei Nichtzutreffen des Sachverhaltes ungültig wie bisher. Erlaubt ist eine solche Bedingung nur mit Zustimmung des Ordinarius (c. 1102 § 2, § 3). Solche Fälle werden oft mit arglistiger Täuschung zusammenhängen.

5. *Furcht und Zwang*

Eine unter Drohung (Furchteinflößung oder Gewaltanwendung) erzwungene Eheschließung ist ungültig, wenn die Drohung schwer war, von außen (d. h. einer Person) eingeflößt war und der Bedrohte die Eheschließung als einzigen Ausweg gesehen hat (c. 1103). Daß die Drohung ungerecht war, wird nicht mehr verlangt.

G. Kanonische Eheschließungsform

1. *Grundsatznorm*

Auch künftig gilt die Grundsatznorm von der Notwendigkeit der Eheschließung vor dem trauungsberechtigten Priester oder Diakon und zwei Zeugen. Die Eheassistenz wird als ein aktives Tun definiert, indem der trauungsberechtigte Geistliche den Konsens im Namen der Kirche zu erfragen und entgegenzunehmen hat (c. 1108). Ortsordinarius und Pfarrer assistieren innerhalb ihres Amtssprengels allen Ehen gültig, wenn wenigstens ein Partner dem lateinischen Ritus angehört (c. 1109). Personalordinarius und Personalpfarrer assistieren Ehen in ihrem Amtsbereich gültig, wenn einer der Brautleute ihnen unterstellt ist (c. 1110; z. B. Militärpfarrer). Eine durch Spruch verhängte Exkommunikation oder Gottesdienstsperre oder Amtsenthebung entzieht die Trauungsvollmacht (c. 1109).

2. *Delegierte Trauungsvollmacht*

Die Möglichkeit der Trauungsdelegation ist umfassender geregelt. Delegiert werden können Priester und Diakone. Eine Einzelvollmacht muß weiterhin einem bestimmten Geistlichen ausdrücklich und für eine bestimmte Eheschließung gegeben werden. Alle Geistlichen (Priester und Diakone), nicht nur die Kapläne, können auch allgemein delegiert werden; doch muß eine allgemeine Trauungsvollmacht schriftlich erteilt werden (c. 1111). Wenn in besonderen Verhältnissen (z. B. Mission) Priester und Diakone fehlen, kann der Diözesanbischof, wenn eine Befürwortung der Bischofskonferenz und eine Erlaubnis des Apostolischen Stuhles vorliegt, auch geeignete Laien zur Eheschließung delegieren. Sie müssen durch entsprechende Bildung in der Lage sein, den Brautunterricht zu erteilen und die Feier der Trauungsliturgie zu leiten (c. 1112).

3. *Suppletion der Trauungsvollmacht*

Bei allgemeinem Irrtum oder positivem und begründetem

Zweifel, ob der Assistierende die Trauungsvollmacht besitzt, wobei sich Irrtum und Zweifel auf die Rechtslage oder auf Tatsachen beziehen können, wird die fehlende Trauungsvollmacht (ebenso wie Beichtvollmacht und Firmvollmacht der Priester) gesetzlich ergänzt (c. 144). Um Unsicherheiten zu vermeiden, empfiehlt sich, eine spezielle Delegation nach Möglichkeit schriftlich zu geben.

4. *Erlaubte Ausübung der Trauungsvollmacht*

Für die erlaubte Ausübung der Trauungsvollmacht muß sich jeder Assistierende über den Ledigenstand der Brautleute und deren Freisein von Hindernissen gemäß den rechtlichen Normen über die Ehevorbereitung vergewissert haben. Wer kraft allgemeiner Delegation assistiert, soll nach Möglichkeit die Erlaubnis des Pfarrers (des Trauungsortes) einholen (c. 1114). Die erlaubte Erteilung einer speziellen Trauungsdelegation setzt ebenfalls die Erfüllung der Vorschriften über den Nachweis des Ledigenstandes voraus (c. 1113). Die Zuständigkeit des Pfarrers für die Trauung wird weiterhin durch Wohnsitz, Nebenwohnsitz oder einmonatigen Aufenthalt bzw. bei Wohnsitzlosen durch den tatsächlichen Aufenthalt begründet (c. 1115 erster Satzteil). Mit Erlaubnis des eigenen Ordinarius oder des eigenen Pfarrers kann die Trauung aber auch anderswo gehalten werden (c. 1115 zweiter Satzteil).

5. *Noteheschließungsform*

Die Voraussetzungen für die Noteheschließungsform nur vor zwei Zeugen sind weiterhin: Nichterreichbarkeit eines zur Assistenz Berechtigten in Todesgefahr, oder außer Todesgefahr für voraussichtlich einen Monat; die Absicht, eine wahre Ehe zu schließen, wird ausdrücklich als notwendig erklärt (c. 1116). Ein zufällig anwesender Priester oder Diakon kann der Eheschließung assistieren (die auch ohne seine Assistenz gültig wäre).

6. *Formpflichtiger Personenkreis und Ausnahmen*

An die Eheschließungsform gebunden sind alle Brautpaare,

bei denen wenigstens ein Partner in der katholischen Kirche getauft oder in sie aufgenommen worden und (neu!) nicht durch einen formellen Akt von ihr abgefallen ist (c. 1117; Kirchenaustritt). Zivil geschlossene Ehen von Ausgetretenen untereinander oder mit Nichtkatholiken sind demnach gültig, und wenn der andere Partner auch getauft ist, sakramental und unauflöslich. Auch bei Mischehen ist die kanonische Eheschließungsform in der Regel einzuhalten. Für Ehen mit einem nichtkatholischen Christen der Ostkirchen ist sie nur zur Erlaubtheit vorgeschrieben. Zur Gültigkeit genügt die Beteiligung eines (nichtkatholischen) geweihten Amtsträgers (c. 1127 § 1). Bei ernsten Schwierigkeiten kann der Ortsordinarius des katholischen Partners im Einvernehmen mit dem Ortsordinarius des Eheschließungsortes in Einzelfällen von der Eheschließungsform dispensieren, wobei jedoch irgendeine amtliche (öffentliche) Form einzuhalten ist. Die gemeinsame Vorgangsweise regelt die Bischofskonferenz (c. 1127 § 2). Eine zweite religiöse Trauung oder zwei religiöse Trauungen nebeneinander (Entgegennahme des Konsenses durch beide Geistliche) ist verboten (c. 1127 § 3).

H. Mischehen

Der neue CIC übernimmt das Mischehenrecht des MP „Matrimonia mixta“ vom 31. März 1970, das eine tiefgreifende Reform der Bestimmungen des alten Rechts mit sich gebracht hatte, und bringt nur wenige und vor allem systematische Änderungen. Die Mischehe mit einem nichtkatholischen Christen wird (vorrangig aus ökumenischen Gründen) nicht mehr dem Begriff des Ehehindernisses untergeordnet, sondern in einem eigenen Abschnitt (Caput VI De matrimoniis mixtis, cc. 1124–1129) behandelt. Grundregel ist, daß Eheschließungen von in der katholischen Kirche getauften oder später in sie aufgenommenen Christen, sofern sie nicht durch einen formalen Akt später von ihr wieder abgefallen sind (Ausgetretene), mit Christen aus den getrennten Kirchen oder kirchlichen Gemeinschaften ohne ausdrückliche Erlaubnis der zuständigen kirchlichen Autorität verboten sind (c. 1124). Ehen eines Katholiken mit einem aus der katholischen Kirche Ausgetretenen, der sich keiner getrennten christlichen Kirche angeschlossen hat, fallen an sich nicht unter den Begriff der Mischehe, sind aber faktisch gleich zu behandeln (Trauungserlaubnis des Ortsordinarius, Kautelen, c. 1071 § 1 n. 4, § 2), doch gibt es in diesem Fall nicht die Möglichkeit der Formdispens. Der Ortsordinarius kann die Erlaubnis zum Abschluß einer Mischehe erteilen, wenn ein gerechter und vernünftiger Grund vorliegt und wenn

a) der Katholik eine Erklärung abgibt, alle Gefahr, den Glauben zu verlieren, von sich fernzuhalten, und das ehrliche Versprechen leistet, nach seinen Kräften alles zu tun, daß alle Kinder in der katholischen Kirche getauft und erzogen werden,

b) der nichtkatholische Teil von Erklärung und Versprechen des katholischen Partners rechtzeitig wirksam in Kenntnis gesetzt wird, und

c) beide Partner über Zwecke und Wesenseigenschaften der Ehe belehrt werden, die sie nicht ausschließen dürfen.

Diese drei Voraussetzungen gelten als Bedingungen für die Erteilung der Erlaubnis (c. 1125, nn. 1–3). Die Bischofskonferenz muß über Weise und Nachweisbarkeit (Schriftlichkeit) der in jedem Fall abzugebenden Erklärung und des Versprechens nähere Normen erlassen (c. 1126). Die auch für Mischehen grundsätzlich geltende Formpflicht gilt bei Ehen mit Christen aus den Ostkirchen nur zur Erlaubtheit; bei großen Schwierigkeiten kann der Ortsordinarius dispensieren (c. 1127 § 1, § 2). Aufeinanderfolgende oder simultane religiöse Doppeltrauungen sind verboten (c. 1127 § 3). Mischehenseelsorge ist ausdrücklich vorgeschrieben (c. 1128). Die Kautelenregelung (cc. 1125, 1126), die Möglichkeit der Formdispens (c. 1127) und die seelsorglichen Verpflichtungen für die Zeit nach der Eheschließung (c. 1128) gelten auch bei Eheschließungen mit Ungetauften mit Dispens vom Hindernis der Religionsverschiedenheit (c. 1086 § 1; c. 1129).

Für den Eucharistieempfang gemischter Paare gilt c. 844; für den Gottesdienstbesuch c. 1248. Das Gesetz verlangt vom katholischen Partner die Mitfeier der Sonntagsmesse in einem katholischen Ritus und den Sakramentenempfang in der Regel bei einem katholischen Spender. Nur bei Unmöglichkeit kann er sich an einen nichtkatholischen Spender wenden, in dessen Kirche (nach katholischer Auffassung) das Sakrament gültig gespendet wird. Christen der orthodoxen Kirchen und Gleichgestellten kann der katholische Priester die Eucharistie nur im Ausnahmefall, anderen Christen nur im Notfall spenden (c. 844).

J. Weitere Änderungen

1. *Wirkungen der Ehe*

Bei den Wirkungen der Ehe betont das neue Gesetzbuch die grundsätzliche Gleichheit von Mann und Frau hinsichtlich der Rechte und Pflichten der ehelichen Lebensgemeinschaft (c. 1135) und formuliert deutlich die sehr schwere und ursprüngliche Pflicht der Eltern, für die körperliche, soziale und kulturelle, moralische und religiöse Erziehung der Kinder zu sorgen (c. 1136). Die Unterscheidung in eheliche und uneheliche Kinder ist grundsätzlich beibehalten, doch finden sich keine nachteiligen Rechtswirkungen für letztere mehr (Ämter- und Weiherecht). Eine nachfolgende Ehe legitimiert alle Kinder ohne Einschränkung (cc. 1137 bis 1140).

2. *Nichtvollzogene Ehe*

Dem Bande nach aufgelöst werden kann weiterhin die nicht vollzogene Ehe (zwischen zwei Getauften, aber auch zwischen einem Getauften und einem Ungetauften) durch einen päpstlichen Gnadenakt; der theoretische Fall ihrer Auflösung durch feierliche Gelübde wird nicht mehr erwähnt (c. 1142).

3. *Paulinisches Privileg und Ordnung polygamer Verhältnisse*

Die Anwendung des sogenannten „Privilegium Paulinum“ ist möglich bei Ehen zweier Ungetaufter, von denen einer sich taufen läßt, der ungetauft bleibende Partner die Ehe aber nicht mehr unter Beachtung des natürlichen Sittenge-

setzes fortsetzen will (was auch erst später nach Empfang der Taufe eintreten kann) (c. 1143). Formelle Befragungen (Interpellationen) oder ein äquivalentes Verfahren müssen Gewißheit über diese Tatsache schaffen (cc. 1144–1146). Aus schwerwiegendem Grund kann der Ortsordinarius dem katholisch gewordenen Partner auch eine Mischehe und sogar eine Ehe mit einem Ungetauften erlauben (c. 1147).
Die katholische Ordnung der Eheverhältnisse eines früher in polygamer Verbindung lebenden Neugetauften wird nicht mehr durch Verweis auf päpstliche Konstitutionen des 16. Jahrhunderts geregelt, sondern direkt: der Neugetaufte kann eine seiner Partnerinnen (bzw. einen seiner Partner) behalten und nach der Taufe kirchlich ehelichen, muß aber für die erste Frau (bzw. für die anderen Frauen) entsprechend sorgen (c. 1148).

4. *Auflösungen zugunsten des Glaubens*

Die in den letzten Jahrzehnten sich ausweitende Praxis, daß eine halbchristliche Ehe, in der also ein Partner ungetauft und einer nichtkatholisch getauft ist, durch päpstlichen Gnadenerweis aufgelöst werden kann „zugunsten des Glaubens" (in favorem fidei) findet im neuen CIC keine Erwähnung, was jedoch nicht heißt, daß der Papst nicht auch weiterhin solche Gnadenerweise gibt (siehe Instruktion zur Auflösung einer Ehe zugunsten des Glaubens vom 6. Dezember 1973).

5. *Gültigmachung von Ehen*

Für die Heilung der Ehe in der Wurzel (unter Wurzel versteht man den Konsens) ist außer dem Apostolischen Stuhl auch der Diözesanbischof in Einzelfällen zuständig, ausgenommen bei jenen Hindernissen, die dem Apostolischen Stuhl zur Dispensgewährung vorbehalten sind und bei Hindernissen göttlichen Rechts, die aus irgendeinem Grund weggefallen sind (c. 1165).
Die einfache Gültigmachung (convalidatio simplex) verlangt die Konsenserneuerung. Die Wirkung der Gültigkeit tritt mit dem Zeitpunkt der Konsenserneuerung ein (siehe cc. 1156–1160).

Sachwortregister